Birgit Bosbach

Der Herzkristall von Atlantis
Die Entstehung und die Goldene Zeit

Erzählt von der atlantischen Heilerin Selina

Smaragd Verlag

Die in diesem Buch enthaltenen Informationen sollen der Aufklärung dienen und ersetzen keine medizinische Diagnose, ärztliche Verordnung oder Behandlung. Sie ersetzen auch nicht den Besuch bei einem Arzt oder Heilpraktiker. Der Inhalt ist allenfalls als Begleitung und Ergänzung zu einem vernünftigen und verantwortungsvollen Gesundheitsprogramm gedacht. Autorin und Verlag übernehmen für unsachgemäßen Gebrauch keine Haftung.

Bitte fordern Sie unser kostenloses Verlagsverzeichnis an:

Smaragd Verlag e.K.
Brückenstraße 25
D-56269 Dierdorf
Tel.: 02689-92259-10
Fax: 02689-92259-20
E-Mail: info@smaragd-verlag.de
www.smaragd-verlag.de

Oder besuchen Sie uns im Internet unter der obigen Adresse und melden Sie sich für unseren Newsletter an.

© Smaragd Verlag, 56269 Dierdorf
Erste Auflage: September 2020
© Cover: Adobe Stock - Anterovium
Umschlaggestaltung: preData
Satz: Gaby Heuchemer
Druck: CPI books GmbH, Leck
ISBN 978-3-95531-196-4

Urheberrechtlich geschützt.
Kopien für private und gewerbliche Zwecke, auch auszugsweise, nur mit Genehmigung von Smaragd Verlag.
Der Smaragd Verlag gibt keine Gewährleistung oder Garantie hinsichtlich der Angaben in diesem Dokument.

Inhalt

Einleitende Worte 7
Das goldene Tor zu den Lichtreichen Lemurias 9
Der Tag des Abschieds 15
Ankommen 21
Die Entstehung des Herztempels 26
Die Besiedelung 40
Die zwölf Tempelräume und ihre Energien 49
- Der Raum der heilenden Kommunikation 49
- Der Raum des Sehens 53
- Der Raum der heilenden Berührung 58
- Der Raum der Stille 60
- Der Raum des Gebetes 63
- Der Raum der Meditation 66
- Der Raum des Körpers 69
- Der Raum der Reinigung 71
- Der Raum der Einweihung 73
- Der Raum der kindlichen Freude 76
- Der Raum der allumfassenden Liebe 83
- Der Raum der Transformation 87

Selina – Die Tage auf Atlantis, der Insel des Herzens 89
- Die Delfine 93
- Der Weg 109
- Die Zusammenkunft 119
- Die Heimkehr 129
- Der Tempelraum der Transformation 133

- Neubeginn – Die nächste Stufe 138
- Stille 146

Abschlussworte von Selina 155
Über die Autorin 157
Leseprobe
(Aus Toularion - Entfache dein atlantisches Feuer) 159
Buchempfehlungen 173

Einleitende Worte

Ich bin die Heilerin Selina, Hohepriesterin von Atlantis und Lemuria. Ich freue mich von ganzem Herzen, dass jetzt die Tore wieder offen sind und es Menschen gibt, die sich ihrer Fähigkeiten wieder erinnern und sie aktivieren.

Ich möchte euch allen an dieser Stelle sagen, dass es gerade jetzt, hier und heute, wichtig ist, dass ihr zurückkehrt zu euren Wurzeln von Atlantis. Ja, ihr habt richtig gehört: Atlantis!

Ihr, die ihr dieses Buch lest, seid alle Kinder von Atlantis. Ihr alle seid wichtig, um das goldene Licht, das es einst auf Atlantis gab, wieder auf die Welt zu bringen. Dann, geliebte Kinder, Brüder und Schwestern, wird Frieden sein und Harmonie. Dann, geliebte Kinder der Sterne, werdet ihr zurückkehren in den Schoß der Einheit im Licht.

Mit Hilfe dieses Buches werdet ihr euch erinnern, wird etwas tief in eurem Inneren erwachen, und es gibt kein Halten mehr. Wenn ihr den Ruf in euch spürt, dann macht euch bereit, den Weg des Heilers zu beschreiten.

Ich möchte euch meine Geschichte erzählen, möchte euch von Atlantis erzählen, von seinem Glanz und seiner Dunkelheit. Meine Worte bringen dir tiefe Erkenntnis, Erinnerung in deiner Seele. Sie segnen dich, die/der du diese Zeilen liest, und weihen dich ein in die Mysterien der heiligen Riten, in Wissen und Weisheit.

So öffne ich mit dieser Seite hier eine goldene Tür, und die Energie von Atlantis wird zu dir fließen, sie wird dich berühren und führen auf deinem Weg.

Ich bin bei dir, geliebtes Kind, und mein Segen ist mit dir. Schritt für Schritt, Wort für Wort, werde ich da sein, dich durch meine Geschichte begleiten und darüber hinaus, wenn du es so magst.

In Liebe, Selina

Das goldene Tor zu den Lichtreichen Lemurias

Geliebte Seelen, ich stehe hier vor dem goldenen Tor und reiche euch jetzt meine Hand, um euch hindurchzuführen. Ich reiche euch meine Hand, damit ihr teilhaben könnt an dem, was geschehen ist.

So grüße ich dich, geliebtes Kind, und lade dich ein, deinen physischen Körper hier an dieser Stelle zurückzulassen und mit deinem Bewusstsein und deinem Lichtkörper mitzukommen.

Meine Seele wurde aus dem Göttlichen geboren und durfte sich in einer menschenähnlichen Gestalt auf Lemuria erfahren. Dies war meine Heimat, vollkommen mit dem Göttlichen verbunden.

Lemuria war aber auch die Vorstufe für das menschliche Leben auf der Erde. Als es Zeit wurde für die Ära Lemuria, sich zu verabschieden, um das Zeitalter von Atlantis zu gebären, da wurden alle Priester versammelt. Die goldenen Tore öffneten sich, und von überall her strömten die Lemurianer in das innere Reich der Priester.

Die Straßen waren sternenförmig angelegt, und alle führten zum Allerheiligsten, welches zugleich die Mitte des Reiches war und ist. Komm mit, denn auch du bist eingeladen teilzuhaben, und wenn das Allerheiligste in Kontakt kommt mit dir, mit deinem inneren göttlichen Funken, dann erinnere dich, dass auch du ein Kind Lemurias bist.

Vielleicht kommen dir auch die Gassen und Straßen bekannt vor, die Art der Häuser, die links und rechts des Weges stehen. Ein jedes Haus schimmert, ein jedes strahlt in der Energie, die ihm innewohnt. In der Energie, die seine Aufgabe ist, und wenn du deinen Blick einmal von oben auf das Innere lenkst, wirst du sehen, dass alle kosmischen Strahlen hier vereint sind.

Noch liegt Gemurmel und geschäftiges Treiben über den Gassen, doch wenn der Gong ertönt, wird es still in diesem inneren Reich. Dann halten alle Priester und Gelehrten inne, ein jeder steht auf seinem Platz und klärt die Energien, sodass im ganzen Land Ruhe einkehrt. Aus jener Ruhe heraus kann ein jeder seine Zentrierung finden, die notwendig ist für diesen besonderen Tag.

Komm, es wird Zeit für mich, meinen Platz einzunehmen. Du kannst den deinen in meiner Nähe finden.

Siehst du den Obelisken dort vorne? Er ist der Mittelpunkt. Er wurde erschaffen aus der göttlichen Energie und mit den heiligen Symbolen der alten Sprache aus den Lichtreichen verziert. Eine jede Zivilisation, aus der Quelle des reinen Lichtes geboren, ist hier verzeichnet, und ein jedes Symbol ist zugleich der Schlüssel zu ihrem Wissen und ihren Energien. Zudem verbinden die Symbole über Lichtbahnen die jeweiligen Reiche.

Manche Verbindung wurde im Laufe der kosmischen Evolution versiegelt, da die Völker sich abwandten, und ihre Energien nicht mehr der reinen Quelle entsprachen. So wirst du, wenn du in die Betrachtung gehst, feststellen, dass es Stellen gibt, die im Dunkeln liegen.

Damals jedoch, an diesem besonderen Tag, da erstrahlte der Obelisk in seiner reinsten Form, und alle Lichtbahnen waren intakt und ins göttliche Licht getaucht.

Der erste Gong ertönt, und eine nährende Ruhe breitet sich aus. Der innere Kreis, der um den Obelisken herum sichtbar wird, kommt aus der Erde und ist außerhalb der Zeremonien nur energetisch spürbar. Dieser Kreis, diese Scheibe, ist verziert mit den alten Symbolen, welche einem Muster folgen, das die Planeten verbindet. Du kennst ähnliche Bilder aus deinem irdischen Leben. Hier wird oft das Sonnensystem dargestellt.

In den inneren Kreis werden jetzt zwölf Priester gestellt, ein jeder an seinen Platz. Schau, unter ihren Füßen wird ein Stern sichtbar, der die Energie und Aufgabe des Priesters unterstützt. Sie verbinden sich mit dem Obelisken, und vielleicht kannst du die Lichtbahnen sehen, die jetzt von jedem Einzelnen ausgehen, und wie die Energien zu fließen beginnen.

Auch über ihre Füße nehmen sie Verbindung mit dem Netzwerk in der Erde auf, und auch hier fängt alles an zu fließen, wird durchströmt und durchpulst vom Licht.

So wird jetzt der äußere Kreis sichtbar, und ich verlasse dich, um meinen Platz einzunehmen. Auch hier sind wir zwölf an der Zahl, auch wir verbinden uns mit dem Obelisken und dem Netzwerk in der Erde.

Da die Zeremonie in Lichtsprache abgehalten wird und für das menschliche Ohr nicht wahrnehmbar ist, werde ich dir die Worte telepathisch übermitteln. Du wirst also hören, was ich höre, und du wirst fühlen, was ich fühle, damit du verstehst, was hier geschehen ist.

Die Zeremonie

Die nährende Ruhe wird immer stärker, sie wandelt sich in eine Klarheit, in reines Bewusstsein, welches sich mir in der Farbe Himmelblau offenbart. Ich atme reines Bewusstsein, ich werde zu reinem Bewusstsein. Alles klappt sich in diesem Bewusstsein auf, dehnt sich aus in die Unendlichkeit.

Das Netzwerk in der Erde hat jetzt seine volle Stärke erreicht und gibt Ruhe, Stabilität und Sicherheit – die Sicherheit der Gemeinschaft, das Gefühl, dass alles mit allem verbunden ist und nichts jemals verloren gehen kann.

Ich versinke in dieser Kraft, dehne mich aus, wachse nach unten hinein in das Netz der Verbundenheit. Ich fühle mich gehalten und unendlich geliebt.

Aus diesem Gefühl heraus wende ich meinen inneren Blick auf die Spitze des Obelisken und spüre mehr als dass ich es sehe, wie er sich öffnet und das kosmische Licht erstrahlt.

Die Konföderation des Lichtes spricht:

„Geliebte Kinder des Lichtes Lemuria. Die Zeit ist gekommen, da ihr wieder ganz zurückkehrt in die Lichtreiche des Einen. Ihr habt alles bereitet und die erste Stufe auf dem Weg zum Planeten Erde gemeistert. Wir, die Konföderation des Lichtes, im Auftrag des Einen, aus dem wir alle hervorgegangen sind, danken euch von ganzem Herzen. Wir verbeugen uns vor euch, vor eurem Mut und eurer Kraft, vor eurer Liebe und eurem Sein.

Es wird nun Zeit, ein neues Zeitalter einzuläuten, und so ist dies gleichzeitig die Geburtsstunde der zweiten Stufe, welche wir Atlantis nennen.

Viele von euch sind schon vorbereitet worden, da ihr euch vor langer Zeit hierfür gemeldet habt. Einige von euch sind neu hinzugekommen, und andere haben in den nächsten Tagen der Vorbereitung die Möglichkeit, sich anzuschließen.

Alle anderen werden aufsteigen und die Epoche Atlantis und euch, geliebte Brüder und Schwestern, aus der Ebene der Lichtreiche unterstützen.

Spürt, wie sich das innere Rad des Obelisken zu drehen beginnt, wie das Symbol von Atlantis aktiviert wird und alle, die bereit sind, jetzt hiermit verbunden werden."

Selina:

Ich fühle Trauer und Freude zugleich, wird doch das Band, über das ich mit Lemuria verbunden war, jetzt gelockert. Ich weiß, dass ich, soll die zweite Stufe gelingen, meine Heimat Lemuria loslassen muss. Doch was dies für mich bedeutet, das kann ich heute zum ersten Mal erahnen. Schmerz ist uns fremd, da wir niemals vom Licht getrennt waren, doch da die Energie von Atlantis im Laufe der Zeit immer mehr der Erde angeglichen wird, ist es unumgänglich, sich dem hinzugeben.

Ich atme ein, und ich atme aus. Ich hebe meine Augen zum göttlichen Auge, Ja, ich bin bereit. So fühle ich die Liebe aus der Quelle und Segnung aus dem höchsten Sein.

Ich atme ein, und ich atme aus. Ich spüre die Verbindung zu Atlantis. Noch ist es eine leere Hülle, doch kommt Freude in mir auf, diese zu füllen und zu erkunden.

Ich atme ein, und ich atme aus. So sei es!

Der Tag des Abschieds

Die Nacht war geprägt von vielen Emotionen, und da ich wusste, dass der Schlaf mich heute nicht einhüllen würde, ging ich ein letztes Mal für lange, lange Zeit hinauf auf den Berg. Es war Vollmond, und er schien meine Haut zu liebkosen, sein Licht hüllte mich ein und schenkte mir Geborgenheit. Gefühle stürmten auf mich ein, die ich bisher nicht kannte. So ging ich hinauf, Schritt für Schritt, ganz bewusst im Licht des Mondes. Immer wieder blieb ich stehen, um zu atmen, tief ein- und auszuatmen, und auch hier schien sich das Gefühl schon zu ändern. Mein Gefäß begann sich zu ändern, vorzubereiten auf die neue Atmosphäre, eine andere Energie.

Ich war ganz bei mir. Mein Bewusstsein war weit geöffnet, und ich ließ alles zu, nahm alles an.

Vielleicht kennst du das Gefühl des Übergangs ja auch aus deinem Leben. Gerade euch, die ihr euch auf den Weg gemacht habt ins Erwachen, die ihr den spirituellen Weg ganz bewusst geht, euch begegnen die Stationen des Übergangs, des Wechsels auf eine andere Ebene, hinein in eine andere Energie, immer wieder. Vielleicht spürt ihr dann auch so etwas wie Vorfreude, aber auch Trauer, da ihr etwas zurücklassen müsst, um weiter voranzuschreiten.

In jener Nacht nahm ich zum ersten Mal diese Gefühle wahr. Ich nahm sie an, ja, lud sie ein, da ich sie kennenlernen wollte. Ich blieb immer wieder stehen und staunte über das, was sich in mir veränderte. Ich betrachtete mich, war immer noch Selina, und doch begann hier etwas Neues, eine andere Qualität, ein anderer Ausdruck von mir, begann zu entstehen.

So kam ich am Ende des Weges auf die Spitze des Berges und schaute hinunter auf meine schlafende Heimat im Mondlicht. Alles sah so friedlich aus, und aus meinem Herzen heraus strömte Liebe. Sie floss wie Lava den Berg hinunter und hinein in alle Gassen, in alle Häuser und Tempel. Ich hüllte alles in die Energie der Liebe und Schwingung des rosaroten Strahls. Tränen liefen über meine Wangen, Tränen des Glücks und der Dankbarkeit. So stand ich auf dem Berg und ließ es fließen, bis sich der Kreislauf schloss und die Energie der Liebe zu mir zurückkehrte. Es war ein schönes Bild, zu sehen, wie der rosarote Strahl sich am Ende Lemurias wieder bündelte und im Bogen über das Land zu mir zurückkam.

So öffnete ich meinen Blick in die höchsten Ebenen, breitete meine Arme aus, um zu empfangen, denn das göttliche Licht, es wurde sichtbar und kam zu mir.

Da hörte ich die Stimme des *Einen*, der zu mir sprach:

„Geliebtes Kind, ich segne dich. Ich danke dir für deine Bereitschaft, mitzuwirken an der Entstehung von Atlantis. Deine Aufgabe ist es, das Gleichgewicht herzustellen und aufrechtzuerhalten. Deine Aufgabe ist es, die Liebe und ihren Strahl auf diesem Planeten Erde zu verankern. Du wirst Lichtkristalle und Tore installieren, durch die ich wirken kann, wenn die Zeit dafür reif ist. Geh nun, geliebtes Kind. Atme ein, und atme aus.

So sei es!"

Ja, so sei es, wiederholte ich in meinem Inneren, verbeugte mich mit gefalteten Händen tief vor dem *Einen*, der Schöpfung, die bereits da war, und der, die noch entstehen würde. Ich verbeugte mich durch Zeit und Raum, und wenn du jetzt deine Augen schließt und einmal hineinspürst, kannst du in deiner Jetztzeit diese Verbeugung und die darin enthaltene Dankbarkeit und Liebe spüren.

Immer dann, wenn du gesegnet wirst aus den höchsten Ebenen, entfaltet sich ein Stück des Himmels, des göttlichen Allein-Seins, in dir. Immer dann bist du umhüllt von der All-Liebe. Sie fließt durch dich, füllt dich aus und wirkt dann durch deine Handlungen, dein Sein, und entfaltet sich in deinem Leben.

Kannst du dir vorstellen, was entsteht, wenn dies bei vielen Menschen geschieht? Was entstehen kann, was gewandelt werden kann, alleine durch das Fließen-Lassen der göttlichen Liebe?

Da du mich nun kennst, und es auch in deiner Zeit immer noch meine Aufgabe ist, das Gleichgewicht herzustellen bzw. euch dabei zu helfen, ist es dir möglich, dich mit mir zu verbinden, und meine Kräfte, mein Wissen und meine Energien, werden dich unterstützen, wo immer du Hilfe benötigst. Doch wisse, des Menschen Wille ist das höchste Gut, und so wirst auch du, genau wie ich damals, an Grenzen stoßen, die wir nicht wandeln können. Noch nicht.

Die Tore sind weit geöffnet, jetzt, in dieser deiner Zeit. Alles ist bereitet in den lichtvollen Ebenen, damit die Liebe des Goldenen Zeitalters hineinfließen kann in eure Welt.

Hab Geduld, verliere nicht den Mut, deinen Weg zu gehen. Wir wissen, dass es oft schwierig ist, doch es gibt keine Hindernisse mehr für dich selbst, wenn du bereit bist. So bitte ich,

Selina, dich, die/der du diese Zeilen liest: Atme ein, und atme aus, spüre die Energie und die Verbindung.

Atme ein, und atme aus. So sei es!

Spüre einmal nach, der Schwingung nach, die diese Zeremonie in dir auslöst. Auch ich spürte nach, dort oben auf dem Berg. Schaute noch einmal über das Land Lemuria und machte mich dann auf den Weg zurück.

Der Mond verabschiedete sich langsam, und ich winkte ihm zu wie einem lieben Freund. Es war ein Moment des Stillstehens, einer Atempause, bevor die Sonne mit ihren ersten Strahlen am Horizont erschien.

Ein neuer Tag, ein für mich ganz besonderer Tag, ein Tag des Abschieds und des Neuanfangs.

So ging ich zu meinem Haus, nahm mein Bündel und ging wieder durch die Gassen zu dem heiligen Platz, wo sich zur neunten Stunde alle versammeln sollten. Auch ohne den Gong war an diesem Morgen alles still, Ehrfurcht lag über allem. Fast schien es, als würde der Atem angehalten, als dürfte selbst das Ein- und Ausatmen die heilige Ruhe nicht stören.

In Stille nahm ein jeder der Priester und eine jede der Priesterinnen den Platz um den Obelisken ein. Sofort spürte ich die Verbundenheit der Energien, und auch die Energien von Atlantis waren aktiviert und spürbar. Es bedurfte hier keiner Worte mehr. Ein jeder von uns wurde vorbereitet, ein jeder von uns kannte seine Aufgabe, und so bündelten wir unsere Energien und ließen eine Kuppel in den Farben und Schwingungen des Regenbogens entstehen. Diese wurde umhüllt vom kosmischen Licht und gefüllt mit unzähligen Lichtkristallen, in denen alles Wissen gespeichert war.

Ein jeder von uns erhielt zusätzlich einen eigenen Lichtkristall, der mit dem Herzen verbunden war und gefüllt werden sollte mit der Qualität und dem Wissen jedes Einzelnen, in Verbindung mit der Energie und Qualität von Atlantis.

Dies war die Geburtsstunde des Herzkristalls von Atlantis, dessen Hohepriesterin ich war.

So legte ich meine Hände über mein Herz und machte mich bereit. Als ich den Kopf hob, wurde die Regenbogenbrücke sichtbar, die uns hinunterführte. Als wir in der Mitte ankamen, drehten wir uns noch einmal um. Sahen, wie Lemuria sich aus dieser Dimension löste, um zurückzukehren in die Lichtreiche, von wo aus es uns unterstützte. Auch heute, in deiner Zeit, steht es euch mit seinen Energien und seinem Wissen, zur Verfügung.

Ich atmete ein, und ich atmete aus, und die Priester und Priesterinnen taten es ebenso. Wir bündelten unsere Kräfte und traten ein in die Atmosphäre von Atlantis. Wir gingen hinunter, und mit jedem Schritt spürten wir die Veränderung. Die Anziehung des Planeten Erde und eine damit verbundene Schwere wurden spürbar. Ich blieb kurz stehen, um es besser einzuordnen. Es war nicht unangenehm, es fühlte sich gut an, richtig, und so ging ich die letzten Schritte auf der Regenbogenbrücke, um mit dem nächsten Atemzug zum ersten Mal Mutter Erde zu betreten.

Wir stellten uns wieder im Kreis auf. Ein jeder von uns hatte genügend Raum, um so anzukommen, wie es seine innere Führung vorgab.

So stellte ich mich fest hin und zog meine Schuhe aus, weil ich den Boden mit nackten Füßen fühlen wollte. Er war warm und weich, braunrote Erde. Es war die zehnte Stunde, als ich mit dem Boden eins wurde.

Ich atmete ein, und ich atmete aus, ließ meine Wurzeln in die Erde hineinwachsen.

Ich atmete ein, und ich atmete aus, ich nahm Kontakt auf mit dem Herzen von Mutter Erde.

Ich atmete ein, und ich atmete aus. Ich war zu Hause.

Ankommen

Mit diesem Gefühl der Verbundenheit setzte ich mich mit verschränkten Beinen auf die Erde und begab mich in tiefe Meditation. Ich ließ mich führen von der Erde, tauchte ein in ihre Energiebahnen, um den für mich passenden Ort auf Atlantis zu finden, auf dem ich meinen Tempel errichten konnte.

Ich nahm viele unterschiedliche Energieströmungen wahr. Sie waren von sehr fein bis kraftvoll in allen Farbschwingungen und Qualitäten vorhanden. Auch zeigten sich die Elemente in ihren unterschiedlichen Formen und teilten sich mir mit. Ich konnte jeden einzelnen Teil von Atlantis spüren. Es war, als würde alles durch mich hindurchfließen. Das war ein unglaubliches Erlebnis, ein jedes Teil war einzigartig in seinem Sein.

Ich weiß nicht, wie lange ich so gesessen habe, doch mit allem, was sich mir offenbarte, wuchs ich weiter hinein in die Gefühlswelt der Erde, in ihre Energien.

Als ich alles gefühlt hatte, wahrgenommen hatte, stellte ich mich hin. Immer noch tief in Meditation versunken, richtete ich mich zu meiner vollen Größe auf, öffnete mein Herzchakra und meinen Herzkristall und ließ diese Energien hinausfließen.

Als ich die Augen öffnete, stand ich auf einem Felsen über dem Meer, und von dort kam ein Licht, welches mit dem meinen in Resonanz ging. Der Teil von Atlantis, auf dem ich meinen Tempel errichten sollte, zeigte sich. Die Energien verbanden sich in meinem Herzen, und die Lichtbrücke, die sich über das Meer spannte, verband das Land mit diesem Teil, auf dem ich stand.

Ich atmete ein, und ich atmete aus. Ja, ich war bereit.

Noch einmal drehte ich mich um zu den Priestern und Priesterinnen, die mit mir hier waren. Sie alle hatten ihre Meditation beendet und ihren Teil des Landes gefunden. Auch sie hatten das Ritual vollzogen, genau wie ich, um ihren Ort für ihren Tempel zu finden.

Die Priesterschaft des inneren Kreises würde hier an diesem Ort bleiben und einen Tempel errichten, der unsere Mitte und die direkte Verbindung zu Lemuria darstellen würde. Über die Lichtbrücken, die unseren Teil des Landes mit diesem verband, würden wir in Verbindung bleiben. Hier würden alle Energien, alles Wissen und aller Fortschritt zusammenlaufen und bewahrt. Hier würden wir Unterstützung finden und Rat. Der innere Kreis der Zwölf würde jeden Einzelnen von uns von hier aus unterstützen.

Das Band war gewebt, ihr würdet in eurer Sprache sagen: Der Grundstein ist gelegt. So ging jeder der Zwölf aus dem äußeren Kreis über die Lichtbrücke zu seinem Teil des Landes.

Als ich die ersten Schritte auf der Lichtbrücke über das Meer ging, wurde ich von vielen Delfinen begleitet, die tanzend meine Schritte begleiteten. Sie verströmten eine so große Leichtigkeit und Freude, dass ich mich eingeladen fühlte, ja, gar nicht anders konnte, als meine Schritte ihrer Energie anzupassen. So schwebte ich teilweise, drehte Pirouetten und ging tanzend meines Weges. Ich fühlte mich eingeladen zu singen, und so wurde ich, je näher ich der Insel kam, von vielen Schmetterlingen begleitet. Sie schmückten mein Kleid und mein Haar mit ihrer Farbenpracht und hießen mich willkommen. Mit jedem Schritt öffnete sich mein Herz, und die Energie der Liebe floss nur so heraus. Kurz kam mir der Gedanke, ob es nicht zu stark sei, ob ich meine Energie drosseln müsse, doch mit so viel Freude und Leichtigkeit fiel es mir schwer, und so ließ ich es einfach fließen.

Wenn dies der Teil von Atlantis war, an dem ich meinen Tempel errichten sollte, dann würde meine Energie hier keinen Schaden anrichten, sondern im Gegenteil, das gesamte Land anheben und wachsen lassen.

Kaum gedacht, geschah es, dass das Land sich immer höher aus dem Meer erhob, sich ausdehnte und in seiner ganzen Größe zeigte. Felsen traten aus dem Wasser, einige ganz flach, andere höher, und das Wasser des Meeres brach sich an ihnen. Hier war die Kraft zu Hause, die ich gespürt hatte, als ich das Land in der Meditation erkundete. Es war eine Kraft, die gelenkt werden wollte, die genutzt werden wollte, die erkundet werden wollte, und ich, ich war bereit.

Bevor ich das Land betrat, öffnete ich meine Arme ganz weit. Ich öffnete mein Herz weiter und umarmte diesen Teil, den ich jetzt bewohnen würde. Liebevoll hüllte ich alles ein, und liebevoll wurde auch ich umhüllt. Die Sonne schenkte mir Wärme, der Wind streichelte meine Haut, und das Meer spielte an meinen Füßen, die im Wasser standen.

Ich legte meine Hände auf mein Herz und ging auf die Knie, um mich zu verbeugen. Ich hob meine Arme und Augen zum Himmel und dankte Gott für mein Hiersein.

Da öffnete sich der Himmel über mir und segnete mich. So legte ich meine Hände noch einmal auf mein Herz, schloss meine Augen und dankte dem Einen.

Ich setzte mich an den Strand, schaute den Delfinen zu, die sich langsam verabschiedeten und sich aufrecht stehend zurückzogen, um dann über das Meer zu gleiten, bis ich nur noch kleine Punkte wahrnehmen konnte. Auch die Schmetterlinge zogen sich zurück, flogen ins Innere des Lands, und so blieb ich zurück. Still wurde es, selbst das Meer wurde ganz still und glatt. Es schimmerte, und sein leichtes Plätschern gegen den Strand wiegte mich.

Ich atmete tief die Luft ein und ließ ausatmend alles los. Die Energien und das Erlebte setzten sich. Alles in mir fing an, sich zu ordnen, seinen Platz zu finden in meinem System, und so kehrte ich in meine innere Ruhe ein.

Stille.

Die letzten Sonnenstrahlen wärmten meine Haut, und dann verabschiedeten sie sich, und ich sah den ersten Sonnenuntergang auf Atlantis. Es war ein besonderer Moment, und auch wenn ich auf meinen vielen Seelenreisen und meinem Leben auf Atlantis viele Sonnenuntergänge gesehen habe, so bleibt mir dieser erste ganz besonders im Herzen. Ebenso wie diese erste Nacht, die ich am Strand verbrachte. Ich legte mich in den Sand und ließ mich einhüllen vom Licht der Sterne und dem Licht des aufgehenden Mondes. Ich schloss meine Augen und ruhte mich aus.

Ich war so voll, so genährt von all diesem Erlebten und den Energien, dass selbst mein Körper sich jetzt über ein wenig Schlaf freute.

Als die zweite Stunde heranrückte, wurde ich wach. Erst noch etwas benommen, musste ich mich sammeln und mir einmal kurz bewusst machen, wo ich war. Ja, ich war auf Atlantis, auf meinem Teil, und es zog mich – die Energie zog mich jetzt ins Innere des Landes. So stellte ich mich hin und ließ die Energie aus der Erde in mich einströmen. Die Wellen des Meeres wurden immer stärker, und ich nahm warme Strömungen wahr. Eine große Kraft offenbarte sich mir, und so drehte ich mich um und ließ mich ins Landesinnere ziehen. Es ging ganz leicht, so, als würde ich den Weg kennen. Ich fühlte mich so sicher und geborgen, dass ich meine Augen schloss und mich ganz der Energie hingab, die mich führte. Der Sog wurde immer stärker, und je weiter ich kam, desto mehr veränderte sich alles. Die Energie in der Erde, die mich vorher gezogen hatte, begann zu kreisen. Ihre Bahnen wurden immer größer, und ich wusste, dass ich das Zentrum bald erreicht haben würde.

Noch hielt ich meine Augen geschlossen, denn ich wurde immer noch geführt. Sicher ging ich Schritt für Schritt, und dann spürte ich, dass ich mich in der Mitte, im Zentrum, befinden musste. Hier war alles ruhig. Die Kraft hatte sich in dieser Ruhe manifestiert. Ich bin da, und wieder atmete ich ein und atmete aus. Spürte, wie sich die Verbindung, die mich geführt hatte, langsam löste, sodass ich mich jetzt selbst wieder fühlen konnte. Ich, in meiner Energie, an diesem Ort.

Ich atmete ein, und ich atmete aus. Öffnete die Augen. Ich war da. Die Energien des Landes hatten mich hierher geführt, an diesen heiligen Platz, an dem ich meinen Tempel errichten würde.

Ich atme ein, und ich atme aus. So sei es!

Die Entstehung des Herztempels

Ich saß lange da, im Zentrum dieses heiligen Platzes, und ließ die Umgebung und die Elemente auf mich wirken. Immer mehr versank ich in Meditation und wurde eins.

Aus meinem Herzen heraus begann sich dieser Platz in meinem Bewusstsein zu formen, und dann formte er sich zu Materie. Für uns war dies ein normaler Vorgang, alles, was benötigt wurde, aus dem Geiste heraus zu erschaffen.

In deiner Zeit, liebes Kind, das du diese Zeilen liest, beginnt der Geist, sich wieder hierhin auszurichten. Im Kleinen ist es manch einem von euch schon möglich, Qualitäten und Umstände aus dem Geiste heraus zu erschaffen.

Wann immer du dich in Liebe ausrichtest auf das, was du in dein Leben ziehen möchtest, wann immer du es mit der Schwingung des Herzens herausfließen lässt, es vor deinem geistigen Auge sehen und mit all deinem Sein fühlen kannst, wird Manifestation möglich.

Doch wisse, nur wer reinen Herzens ist, die geistigen Gesetze und den freien Willen des Menschen achtet, kann für sich selbst Großes erreichen.

Nur wenn das, was du erschaffen möchtest, in der göttlichen Ordnung ist und zum Wohl aller, die davon betroffen sind, wird es sich erfüllen.

Öffne deinen Geist und dein Herz, lass dich führen auf den Weg zurück in die Einheit der All-Liebe. Besuche uns in unseren Tempeln und lass dich unterrichten. Lausche unseren Worten und Schwingungen und erkenne die Wahrheit hinter Allemwas-ist. Denn nur, wenn du in deinem Herzen die Wahrheit erkennst, wenn du mit deinem Herzen in Resonanz gehst, kannst du es leben.

Ja, unsere Botschaften und unser Wissen möchten gelebt werden durch euch Erdenkinder und in eurem irdischen Leben. In den Ebenen des Lichtes ist alles im Gleichgewicht, wir schwingen in der Gemeinschaft des Einen. Wenn ihr uns besucht in euren Träumen, in einer Meditation, dann ist dies nährend für euch. Viele von euch haben das Gefühl, da bleiben zu wollen, da sie spüren, dass dies ihre Heimat ist. Doch wisse, geliebtes Kind der Erde, dein Auftrag ist es, dieses Gleichgewicht und die Einheit im Lichte auf die Erde zu bringen. Dein göttlicher Auftrag ist es, mitzuwirken an der Entstehung des Goldenen Zeitalters, des Paradieses auf Erden.

In eurer Jetztzeit gibt es schon einige Gemeinschaften, die – ihr würdet sagen – *ausgestiegen* sind aus dem vorgegebenen Weg eurer Gesellschaft, die sich gefunden und auch einen Ort gefunden haben, den sie nach ihren Gefühlen und Vorstellungen erschaffen haben. Orte des Friedens, an denen die Energie von Atlantis zu spüren ist, gibt es bereits auf der Erde. Wann immer ihr eine Auszeit braucht, wann immer ihr euch zurücklehnen möchtet in einer Gemeinschaft von Gleichgesinnten, besucht diese Orte. Atmet den Frieden, der hier wohnt. Fühlt euch umarmt und geborgen im Sein. Fühlt euch so angenommen und habt keine Scheu, euch zu zeigen. Und dann, wenn eure Zeit gekommen ist, wieder zurückzukehren in euer Zuhause, an den Platz, an den ihr gestellt wurdet, dann erschafft dort euren Ort des Friedens. Zeigt euch und seid die Einladung für die Menschen, mit euch zu sein. Seid das Licht, die Insel in der Dunkelheit!

Als ich damals begann, den Tempel des Herzens zu erschaffen, war dies möglich, da ich vollkommen in meiner Kraft und der Anbindung zu den lichtvollen Reichen, und in der tiefen Verbundenheit mit dem Einen war. Es gab kein Karma, keine Dunkelheit, die mich umgab. Ich war reines Licht, und aus diesem heraus erschuf ich mein Reich.

Die äußeren Energiekreise, die ich wahrgenommen hatte, als ich zu dem heiligen Platz geführt wurde, formten sich vor meinem geistigen Auge immer mehr zu Stufen. Alles war rund, ein vollkommener Kreis, und ich nahm diese Energieform an für die Umrisse.

Als ich die Augen öffnete, um zu schauen, erblickte ich ein sehr großes Areal. Es waren drei Stufen, die sich in Abständen zu einem Kreis schlossen. Der Raum zwischen den Stufen betrug drei Meter. Jede Stufe war so breit, dass die Schüler, die kommen würden, hier bequem Platz nehmen konnten, und ich war selbst erstaunt, als sich die Stufen vor meinem geistigen Auge mit Menschen füllten.

So viele werden es sein?, sagte ich zu mir selbst. Und sofort hörte ich die Stimme in meinem Inneren, die mir antwortete: Ja, und es werden um ein Vielfaches mehr sein.

Ich faltete meine Hände und verbeugte mich vor dem *Einen*, der zu mir sprach. Ja, So sei es! So atmete ich ein, und ich atmete aus. Dann öffnete ich wieder meine Augen und schritt die Umrisse ab, welche die Stufen jetzt vorgaben. Ganz bewusst, Schritt für Schritt, und mit jedem Schritt segnete ich jeden einzelnen Zentimeter.

Ich strich mit den Händen über die Steine, um sie zu fühlen, ihre Beschaffenheit, ihre Energie, und ich bedankte mich bei Mutter Erde, die das Material zur Verfügung gestellt hatte.

Für den Augenblick war dies genug, und so betrachtete ich den Platz und suchte nach Wegen, die hierher führen könnten, und wieder hinaus.

Als die Sonne aufging, streckte ich mein Gesicht den ersten wärmenden Strahlen entgegen, und vor meinem inneren Auge erschuf ich das Eingangstor des Tempels, ausgerichtet gen Osten, der Sonne entgegen.

In meinem Rücken spürte ich eine Tür im Verborgenen. Vor meinem inneren Auge zeigte sie sich als unscheinbar, klein und aus Holz, eingerahmt von Pflanzen und Ästen der Bäume. Es schien, als hätte ich hier vergessen, eine Tempelmauer zu ziehen, und ich wusste, dass dies meine Tür sein würde. Ihr würdet es in eurer Zeit als Geheimtür bezeichnen. Der Tempel war noch längst nicht fertig, doch diese Tür, sie zog mich magisch an. So öffnete ich sie und schaute hinaus.

Zuerst erblickte ich Wildnis, scheinbar undurchdringlich, doch auf dem Boden zeigten sich kleine goldene Fußabdrücke, und sie passten perfekt zu meinen Füßen. Als ich sie darauf setzte, öffnete sich die Wildnis, und ein Pfad wurde sichtbar.

Von überall her hörte ich leises Gekicher, und als ich meine Wahrnehmung darauf fokussierte, konnte ich wundersame Wesen sehen. Sie waren mir unbekannt, doch nicht mehr lange. Blumenkinder schwebten zu mir – Elfen, Feen und viele Naturwesen zeigten sich und stellten sich vor. Solche Wesen kannte ich aus Lemuria und von anderen Planeten nicht, es war ein Geschenk der Erde. Freude erfüllte mich, so große Freude, und die Leichtigkeit, die die Delfine mir vermittelt hatten, wurde hier wieder lebendig. Blüten in allen Formen und Farben kamen zu mir und verströmten ihren Duft. Der Pfad offenbarte sich mir in seiner ganzen Schönheit. So formte ich in meinem Geiste die Säulen des Tempels und ließ blühende Pflanzen daran emporwachsen. Ich lud die Vögel ein, sich hier ein Zuhause zu schaffen, auf dass ihre Leichtigkeit, ihre Fröhlichkeit und ihr Gesang die Energien des Tempels bereichern.

Beschwingt ging ich langsam weiter, folgte dem Pfad und spürte, dass etwas auf mich wartete, das ebenfalls noch neu war. Eine sehr feine und doch kraftvolle Energie wurde immer deutlicher spürbar, und als ich mein Bewusstsein darauf fokussierte, nahm sie Form an. Mein Herz wusste sofort, dass dieses Lichtwesen zu Atlantis gehörte und für mich und alle anderen Priester und Priesterinnen eine große Bedeutung haben würde.

Hier, auf diesem Teil von Atlantis, war es das Einhorn der Herzensweisheit, das mich unterstützen sollte. Es wurde meine Freundin, meine Wegbegleiterin und meine Ratgeberin. Die Einhörner, sie gehörten und gehören genau wie die Delfine zu Atlantis. Es sind alte weise Seelen, welche die Hüter sind des Lichtes, die Bewahrer des Wissens und der alten Wege.

Auch in eurer Zeit sind sie da, werden wieder sichtbar für euch Lichtarbeiter. Sie möchten euch führen und begleiten, damit ihr euch erinnert, wer ihr seid. Damit ihr wieder die alten Wege beschreitet zu den heiligen Stätten eurer Ahnen, damit ihr wieder das Wissen nutzt, welches euch zurückführt in die Einheit, in die Gemeinschaft der All-Liebe.

So sei es!

So gingen wir beide den Pfad hinauf, und je weiter wir kamen, desto deutlicher konnte ich das Meer hören und spüren. Die Vegetation blieb irgendwann hinter uns zurück, und wir gelangten auf ein Plateau, von wo aus ich das Land überschauen konnte. Das Einhorn ließ mich wissen, dass dies unser persönlicher Ort sein würde, und so manifestierte das Einhorn einen kleinen Tempel, in dem wir Platz fanden. Ein Ort, der ein Dach hatte, das von vier Säulen gehalten wurde. In der Mitte ein kleines rundes Becken, in dem sich Wasser befand. Als ich hineinschaute, konnte ich bis auf den Grund des Meeres blicken, und als ich mich hierfür öffnete, konnte ich eine Felsspalte wahrnehmen, die direkt hinunterführte und unseren kleinen Tempel mit dem Meer verband.

Auf diese Weise konnten die Delfine teilhaben, wenn wir uns berieten, oder aber Botschaften übermitteln, die auf direktem Wege zu mir gelangen sollten. Das war zu Beginn von Atlantis noch nicht nötig, doch als die Dunkelheit kam, war dies unabdingbar.

So saßen das Einhorn und ich eine kleine Weile in unserem kleinen Tempel. Stille breitete sich aus, eine nährende Stille, in der die Energie des Friedens mitschwang. Es war berührend, so dort zu sitzen, zu schauen und zu fühlen.

Irgendwann wurde die Energie des Einhorns immer stärker, sodass ich mich löste aus meinen Betrachtungen und mich ihm zuwandte. Es lächelte, denn es hatte mich auf diese Weise zurückgeholt auf den Platz, an dem wir waren, und auf liebevolle Weise die Stille ohne Worte unterbrochen.

Wie von selbst spürte ich den Impuls, mich aufzurichten, und so stand ich dem Einhorn gegenüber. Der Augenblick war heilig, und ich wusste, dass ich eingeweiht würde. Demut und Freude breiteten sich in mir aus, und ich verbeugte mich vor dem Einhorn. Auch das Einhorn verbeugte sich vor mir, um mich dann mit seinem Horn zu berühren. Ich spürte die Berührung und Energie an meinem Dritten Auge. Ich blickte gleichzeitig in seine Augen, und so wurden wir eins. Es wurde ein Teil von mir, und ich ein Teil von ihm. Das Band webte sich und verankerte sich in uns.

Es war ein Verstehen ohne Worte, und doch sandte das Einhorn am Ende der Zeremonie mir seinen Namen.

Lefara spricht:

„Ich bin Lefara, das Einhorn der Herzensweisheit, und ich bin gekommen, um mich mit dir zu verbinden, so, wie es geschehen ist. Wir sind nun eins – du und ich. Ich werde immer bei dir sein, sei es im Sichtbaren, sei es im Unsichtbaren."

Lefara spricht zu dir:

„So richte ich, Lefara, meine Worte jetzt an dich, die/der du diese Zeilen liest. Die Zeit der Einhörner ist wieder da, und ein jedes von uns wird zu euch zurückkehren, wenn die Zeit reif ist und ihr bereit seid, euch zu erinnern und rückzuverbinden mit uns.

Eine jede von euch Seelen, die ihr einst in hohen Ämtern von Atlantis gestanden habt, habt genau wie Selina ein Einhorn an eurer Seite. Ihr seid genau wie Selina verbunden und eingeweiht worden in die heiligen Wege der alten Zeit. Immer dann, wenn du dein Herz öffnest, wenn du reine Herzensenergie fließen lassen kannst, wenn du dich erinnerst, wer du bist, und deine Qualitäten zum Wohl aller und des Einen einsetzen möchtest, ist die

Möglichkeit gegeben, in Kontakt zu treten und dich rückzuverbinden mit deinem persönlichen Einhorn.

Wenn dies geschieht, geschieht Großes, wird dein gesamtes Sein auf die nächste Stufe angehoben, und Welten werden sich dir offenbaren. Lass dich dann führen und tragen in die lichtvollen Reiche. Lass dich in deine Tempel bringen, die bereitstehen, damit du dich erinnerst an die Goldene Zeit, an all dein Wissen. Lass dich führen und lass dir helfen, deine Lichtkristalle wieder zu heilen und in dir zu integrieren und zu aktivieren, damit du als Heiler/Heilerin dein Werk auf der Erde vollenden kannst.

Geliebte Kinder, findet zurück zur Unschuld des Kindes, das ihr einmal wart. Findet zurück in das bedingungslose Vertrauen, und dann geht euren Weg.

So sei es!

Atmet ein, und atmet aus. Schließt eure Augen, spürt in euer Herz hinein, und wenn ihr bereit seid, dann sprecht euer Ja.

Atmet ein, und atmet aus.

So sei es!

So verbeuge ich, Lefara, mich jetzt vor dir und segne dich."

Lefara verbeugte sich auch vor mir, und ich tat es ihr gleich. Ich legte meine Hand auf ihren Rücken, und so standen wir noch lange dort oben und schauten über das Meer.

Als die sechste Stunde des Tages nahte und die Sonne tief über dem Meer stand, war es Zeit, zurückzukehren und mein Werk zu vollenden.

Gemeinsam gingen wir den Pfad hinunter, und gemeinsam schritten wir durch das kleine unscheinbare Tor, das sich hinter uns schloss.

Gemeinsam schlossen wir unsere Augen, gingen in die Zentrierung und erfassten so die Energie des Platzes und dessen, was ich schon erschaffen hatte.

Ganz selbstverständlich vereinten sich unsere inneren Bilder, wurden zu einem Bild, und der Tempel nahm immer mehr Gestalt an.

Als wir die Augen wieder öffneten, standen alle Säulen des äußeren Tempels wieder in kreisrunder Form, und so entstand ein Boden innerhalb der Säulen und die Mauern für das Allerheiligste, das Innere.

Der äußere Teil des Tempels würde sich mit der Zeit gestalten, und die Räume, die es brauchte, würden dann Gestalt annehmen. Jetzt durften Lefara und ich uns dem Allerheiligsten widmen, dem Inneren des Tempels.

Als Erstes erschufen wir einen Eingang. Dieses Tor richteten wir nach Osten aus, und mit seiner Entstehung entstand ein breiter Weg in Richtung Meer.

Das Tor, das wir erschufen, reichte drei Meter in die Höhe und maß drei Meter in der gesamten Breite, wobei es in der Mitte unterbrochen war, damit man es wie einen Flügel zu beiden Seiten öffnen konnte. In der Entstehung erschufen wir das Tor aus Holz und legten den Grundstein der Verzierungen, die es schmücken sollten. Es waren alte Symbole, die mit der Zeit erweitert würden, und jenen, die in der Lage waren, die Botschaften zu entschlüsseln, zu lesen, würde sich der innere Raum öffnen.

Du kannst es dir so vorstellen, dass auf dem Holz Schnitzereien angebracht wurden, die zu Beginn die Form eines blühenden Astes hatten. Im Laufe der Zeit wird dieser Ast zu vielen verschlungenen Ästen heranwachsen.

Als unser Werk für den damaligen Tag vollendet war, machten wir uns bereit, in das Innere zu gehen. Ich berührte das Tor an einem der Symbole, stellte die energetische Verbindung her, und das Tor öffnete sich. Wir traten über die Schwelle hinein in einen dunklen Raum. Die Tür schloss sich, und das letzte Licht wurde verschluckt. Der Boden unter mir war Erde, rotbraune Erde, warm und weich, einladend – zu spüren und zu verweilen. Lefara blieb am Eingang, denn es war meine Aufgabe, die Energien zu erfühlen und die Punkte zu bestimmen, die es brauchte, um diesem Tempel seiner Bestimmung zuzuführen, das Allerheiligste zu aktivieren.

So ließ ich mich von der Energie leiten, vertraute ihr, und Schritt für Schritt gelang ich ins Zentrum, in die Mitte. Ich spürte die Kraft im Boden unter mir, und ich hörte den Ruf der Unendlichkeit, der göttlichen Lichtreiche.

So öffnete ich den Raum über mir, erschuf in der Mitte eine Kuppel aus Lichtenergie, die das Innere bewahrte und doch den Blick nach oben freigab. Ich konnte den Himmel sehen, die Sterne, die Wolken – und bei Tag würden es die Sonne sein, die Vögel und die Natur. Ja, die Natur. So kam ich in Kontakt mit den Baumriesen, die rings um die Tempelanlage standen, und ich brauchte es nicht auszusprechen, ich fühlte es nur, und die Bäume bejahten. Sie würden, wenn die Zeit käme, den Tempel zu schützen, sich wie eine Kuppel über die gesamte Anlage ausbreiten und die Lichtkuppel mit ihren Blättern bedecken.

Ja, So sei es!

Ich bedankte mich bei den Bäumen und sandte ihnen die Schwingung der Liebe, die alles enthielt, was sie gerade benötigten, und sie dankten es mir durch Wachstum.

Ich atmete ein, und ich atmete aus, setzte mich in die Mitte auf den Boden und versank in Meditation.

Zur zweiten Stunde erwachte ich aus einer Art Trance, öffnete meine Augen und sah, wie der Himmel sich geöffnet hatte. Kristalline Lichtenergie, aus den reinsten Seins-Ebenen, zeigte sich und kam hinunter zu mir, floss durch die Lichtkuppel und floss zu mir. Ich stand auf und öffnete meine Arme zum Himmel; Ich empfing. Lichtkristalle in mir wurden installiert und aktiviert, Lichtkristalle wurden in die Wände des inneren Heiligtums gegeben. Die Energie schenkte mir Einblicke, wie es sein würde, wenn das Wachstum vollendet ist, wie es sein würde, wenn die Kräfte sich vereinen.

Immer dann, geliebtes Kind, wenn eines der Deinen zurückkehrt ins Bewusstsein des Einen, sich rückverbindet mit diesem Tempel und seinem wahren Sein, werden die Kristalle aktiviert, und somit wird die Energie des Gesamten angehoben. Wann immer ein Kind der Erde zurückkehrt, wächst die Kraft, wächst das Herz des Kollektivs. Mit jedem Wachstum geschieht Heilung auf der Erde. Mit jeder Aktivierung kommt die Menschheit dem Frieden und dem Paradies auf Erden ein Stückchen näher. Je stärker die Herzensenergie sich auf der Erde wieder entfaltet, desto weniger Kraft hat die Dunkelheit, die sich dagegenstellt.

Ja, ich weiß, geliebte Kinder, die ihr dieses jetzt lest: Diese Welt, in der ihr lebt, bringt zurzeit noch einmal alle Dunkelheit hervor. Das muss so sein, auch wenn es in eurem menschlichen Ermessen schwer zu verstehen ist. Nur wenn die Dunkelheit sichtbar wird, könnt ihr gezielt handeln. Ja, handeln! Bekämpft die Dunkelheit nicht mit Dunkelheit, sondern mit Licht. Lasst euer Licht leuchten. Wir, die Gemeinschaft des Einen, die Konföderation des Lichts, wir können es euch gar nicht oft genug übermitteln: Lasst euer Licht leuchten und weist den Menschen den Weg! Zeigt euch, habt den Mut, anders zu sein, anders zu denken und anders zu handeln, denn nur so, geliebte Kinder der Erde, kann die Wandlung sich vollziehen...

Erinnert euch, verbindet euch mit eurem Sein in Atlantis. Aktiviert eure Lichtkristalle und nährt euch mit dieser Kraft. Findet euer Einhorn und lasst euch führen. Ihr seid nicht allein, ihr seid viele. Zeigt euch, und ihr werdet euch finden. Die Zeit der Angst ist vorbei. Erhebt euch, und ihr werdet sehen, wie groß eure Zahl ist. Verbindet euch untereinander, bündelt eure Kräfte zum Wohle aller und im göttlichen Sinne.

Wir lieben euch, und wir sind bei euch.

So sei es!

Ja, so wird es sein. Mit jedem Schüler, der hier in diesen Mauern unterrichtet wird, wird mit der Einweihung zur Priesterin, zum Priester, ein Lichtkristall aktiviert werden. Und so konnte ich hier noch einmal erkennen, wie groß die Zahl der Seelen sein würde, die dem Tempel dienen. So verbeugte ich mich in tiefer Dankbarkeit und Demut vor dem *Einen*. Die Lichtenergie zog sich zurück, sodass ich jetzt durch die Kuppel den Mond sehen konnte, der alles in sein sanftes Licht tauchte.

Unter mir begann die Erde sanft zu schwingen, und ich sah, wie Lefara diese mit ihrem Horn berührte. Die Energie begann wieder in Kreisen zu schwingen, und so trat ich aus der Mitte heraus, ging zu Lefara, denn der Boden öffnete sich. So – wie auf Lemuria – entstand hier um die Mitte herum eine Öffnung, und Stufen formten sich, die hinunterführten. Das Licht des Mondes beleuchtete diesen Raum, und gleichzeitig kamen die Energien des Regenbogens, die zwölf göttlichen Strahlen, um diesen unteren Raum mit ihren Qualitäten zu füllen.

Lefara ließ ihre Energie aus ihrem Horn mit hineinfließen und machte so die Manifestation auf der Erde möglich. Der Raum vollendete sich. Aber zum jetzigen Zeitpunkt ist es mir nicht gestattet, Einzelheiten preiszugeben, ihn weiter zu beschreiben. Doch immer dann, wenn du, lieber Leser, liebe Leserin, dich ausrichtest, kannst du es erspüren.

Die Lichtkristalle aus Lemuria fanden hier ihren Platz, und in der Mitte verankerte ich den Herzkristall von Atlantis.

Ich zentrierte mich noch einmal, bündelte alle meine Kräfte, verband mich mit den Energien, die hier eingeflossen waren, und öffnete mein Herz. Liebe floss heraus, floss in die Mitte und aktivierte den Herzkristall. Lefara verband ihn mit der Erde und somit mit Atlantis. Auch hier verwoben sich die Energien, wurden eins und waren bereit, sich zu verströmen, ihre Bestimmung zu erfüllen.

Ich trat heraus aus dem Raum, und so schloss er sich bis auf die erste Stufe. Diese sollte von nun an Platz bieten für Gespräche und Meditation im Allerheiligsten. In der Mitte blieb eine kleine Lichtsäule, die immer sichtbar war. Durch sie konnte ich, ohne den unteren Raum zu betreten, in Kontakt kommen mit dem Kristall. Doch davon werde ich dir später erzählen.

Der innere Tempel war erschaffen, alles war angelegt, verbunden und teilweise aktiviert. Es wurde Zeit für mich und Lefara, uns zurückzuziehen und die Eingangstür zu schließen.

Draußen atmeten wir beide ein, und wir atmeten aus. Es war vollbracht. Erschöpft und glücklich suchten wir uns einen Platz, an dem wir ausruhen und neue Kraft schöpfen konnten.

Der Mond schien hell in dieser Nacht, und die Sterne leuchteten, schenkten mir Ruhe und Frieden. So schlief ich ein, Seite an Seite mit Lefara, bis die Sonne am nächsten Tag erwachte.

Die Besiedelung

Die Sonne stand schon hoch am Himmel, als ich erwachte, und so genoss ich noch eine Weile ihre Wärme und Kraft, bevor ich mich erhob. An diesem Tag würde die Besiedelung von Atlantis beginnen, und so hob ich meine Arme zum Himmel, nahm bewusst meine Wurzeln in der Erde wahr und ließ beide Energien durch mich hindurchfließen. Ich aktivierte die Regenbogenbrücke und machte mich an die Vorbereitungen, meine Schwestern willkommen zu heißen.

Mit meinem Bewusstsein schmückte ich alles mit Blumen, den Weg vom Strand hierher zum Tempel. Heilige Symbole zeichnete ich in den Boden, und sie würden manifestiert und aktiviert, wenn die Zeit dafür gekommen war.

Als ich alles vorbereitet hatte, widmete ich mich meinem Körper. Es war ein neues Gefühl, so ganz in diesem Gefäß. Es war eine Erfahrung, die ich, kaum damit begonnen, bewusst und mit allen Sinnen erleben wollte. So berührte ich meine Haut und fühlte sie zum ersten Mal auf diese Weise. Lefara hatte mich zu einer Quelle geführt, die genau dafür geschaffen war. Hier säuberte ich mich, ließ das Wasser über meine Haut und Haare fließen und atmete den Duft der Blumen ein, die rund um die Quelle blühten. Elfen und Blumenkinder kamen herbei, und sie brachten mir ihre Schätze mit. Sie zeigten mir, wie ich meine langen Haare mit einer Flüssigkeit waschen konnte, die ebenfalls einen betörenden Duft verströmte. Auch reichten sie mir so etwas wie einen Kamm, und als ich es ihnen erlaubte, begannen sie meine Haare zu kämmen. Andere Wesen brachten mir ein Öl und ließen mich wissen, dass dies für die Haut war, und als ich es versuchte, fühlte es sich an wie Balsam. Es gefiel mir, diesen Körper so zu verwöhnen, und ja, ihm Beachtung zu schenken. Bisher hatte ich nur die Veränderung wahrgenommen, die damit verbundene Schwere. Doch jetzt dankte ich diesem Gefäß aus dem Herzen heraus. Ja, dies ist wichtig, schien er mir zu sagen, achte mich, deinen Körper, sorge gut für mich, und ich werde dir gut dienen.

Ich fühlte mich gereinigt und wunderbar vorbereitet für die Zeremonie, die bald beginnen würde. So webten meine Gedanken ein neues Gewand aus weisen und goldenen Fäden, tauchten alles in einen Schimmer des Herzens und fügten Lichtkristalle hinzu. Als ich mich betrachtete, musste ich lächeln, denn auch Blüten gesellten sich hinzu. Wie scheinbar zufällig drapierten sie sich auf meinem Gewand, ließen sich nieder und verschmolzen mit dem Ganzen.

Für einen kurzen Moment wollte ich dies alles fühlen, es mit Dankbarkeit füllen aus meinem Herzen und mich in diesem Gewand wahrnehmen.

Du fragst dich jetzt vielleicht: Na, ist da wohl die Eitelkeit geboren worden?, und ich lächle und sage dir: Nein. Die Freude war in meinem Herzen, und ein Gefühl der Wohligkeit.

So schlenderte ich gemeinsam mit Lefara den Pfad zurück zum Tempel. Noch einmal nahm ich alles in Augenschein, und die Sonne tauchte alles in das letzte Licht des Tages. Das Licht passte sich der Qualität und Aufgabe des Herzens an. Die Stimmung war vollkommen unberührt, unschuldig, und Stille lag über allem. Der Tempelplatz wartete darauf, belebt zu werden und somit seiner Bestimmung zu folgen. Es war wie die Atempause zwischen Ein- und Ausatmen, nur dass diese, wie in einem Vakuum, darauf wartete, belebt zu werden.

So schritt ich auf dem blumengesäumten Weg Richtung Meer. Ich trat aus dem Wald heraus, und die Sonne verabschiedete sich, um dem Mond Platz zu machen, damit er nun alles in sein silbernes Licht taucht. Die Sonne ist männlich und steht für das Erschaffen und die Tatkraft, der Mond ist weiblich, und so unterstützte er mit seiner Energie die „Geburt" der Heilerinnen, die mich bei meiner Arbeit im Tempel unterstützen sollten.

So verwurzelte ich mich zu dieser sechsten Stunde mit der Erde, hob meine Arme zum Himmel und öffnete mein Tor. Alle anderen Priester auf den anderen Inseln taten es mir gleich, denn wir alle hatten unsere Tempel soweit errichtet, dass es Zeit wurde, unsere Schwestern und Brüder zu rufen.

Unsere Tore öffneten sich über dem Zentrum von Atlantis, und die Priester des inneren Kreises öffneten gemeinsam das Tor zu Lemuria. So kam einer nach dem anderen über die Regenbogenbrücke herunter, genau wie wir zuvor.

Ein jeder, eine jede von ihnen wusste, wo seine und ihre Aufgabe lag, und wohin sie sich wenden sollten.

So entstand eine Lichtbrücke über dem Meer, und die Delfine, sie waren da, um die Frauen zu begleiten.

Als sie den Boden von Atlantis betraten, nahm jede Einzelne Kontakt auf mit der Erde und verwurzelte sich. Dann wandten sie sich nacheinander dem Allerheiligsten, dem Zentrum, zu und betraten das Innere des Tempels. Hier in der Mitte hatten die Priester des inneren Kreises einen Obelisken errichtet, ähnlich dem von Lemuria. Hier wurden Lichtkristalle eingesetzt, aber auch die mitgebrachten Schriften, die hier zum ersten Mal eine Form angenommen hatten. Bisher wurde all unser Wissen in Lichtkristallen gespeichert. Mitteilungen konnten wir einfach so abrufen, sie erschienen dann vor unserem Auge wie Lichttafeln mit goldenen Lettern. Jetzt wurden diese Lichttafeln das erste Mal in manifestierter Form dargebracht. In späterer Zeit würde man dies als Schriftrolle bezeichnen.

Diese hier waren die ersten, und so wurden sie genau wie die Lichtkristalle in den Obelisken gelegt. Die Lichtkristalle fanden ihren Platz sichtbar nach außen, die Schriftrollen lagen im Inneren verborgen.

Es lag Stille über allem, eine Atempause, die es nicht erlaubte, gestört zu werden. Ich stand aufrecht und hielt die Energien, öffnete mein Herz ganz weit und aktivierte meinen Herzkristall, der in mir verankert war. Sogleich verband sich die Energie von meinem Kristall aus übers Meer und aktivierte den Herzkristall einer jeder Schwester im Obelisken. So ging eine jede zu der Lichtbrücke. Sie öffneten nacheinander ihre Herzen und ließen ihre Energie fließen.

Langsam und bewusst machte sich jede Einzelne von ihnen auf den Weg zu mir. Selbst die Delfine, die sich mir übermütig und lebensfroh gezeigt hatten, begleiteten ehrfürchtig den Weg.

Kurz bevor sie den Strand erreichten, hielt jede von ihnen an. Wir blickten uns lange in die Augen, denn hierüber würden wir uns erkennen. Mit jedem Erkennen öffneten sich unsere Herzen noch mehr, die Kristalle verbanden sich und aktivierten im Herztempel das entsprechende Gegenstück. Wir verneigten uns voreinander. Mit meinem Bewusstsein hielt ich die Verbindungen offen, sodass ich jetzt eine jede meiner Schwestern in den Arm nehmen konnte. Es war ein schönes Gefühl, und es war neu. Auf Lemuria gab es so etwas wie eine Umarmung nicht auf Körperebene. Berührung fand allein durch Bewusstsein statt, doch hier, in diesem menschlichen Körper, konnten wir uns auf eine Art und Weise fühlen, wie wir es nicht kannten. Lange stand ich so mit jeder Einzelnen. Wir fühlten uns, die Liebe zwischen uns, die Wärme, und die Geborgenheit.

Als auch die letzte so gefühlt wurde, die Verbindungen alle standen, stellten sie sich hinter mich in einen Halbkreis. Ich schloss die Verbindung zu unserem Lichttor auf Lemuria, und auch die Verbindung zum Zentrum auf Atlantis. Zuletzt löste sich die Lichtbrücke auf, die über das Meer reichte.

Die Delfine stellten sich alle auf, verneigten sich und zogen sich zurück.

„Ich grüße euch, geliebte Schwestern. Ich freue mich, dass ihr gekommen seid und gemeinsam mit mir diesen Tempel weiter errichten werdet. Kommt, lasst euch führen von mir, hinein in das Land, welches jetzt das unsere ist. Hinein zu unserem Tempel des Herzens."

So führte ich meine Schwestern auf den mit Blumen gesäumten Weg zum Tempel des Herzens. Immer noch war es ganz still, immer noch war diese Atempause zu spüren, und so gingen wir schweigend den Weg zur Mitte. Wir gingen diesen Weg im Außen und im Inneren.

Als wir am äußeren Ring ankamen, hob ich meine Hand und bat meine Schwestern durch diese Geste, sie mögen stehen bleiben. Ich richtete meine Aufmerksamkeit auf die Erde, und sie antwortete mir, indem sie ihre Energie in kreisenden Bewegungen zu uns sandte.

Eine jede der Schwestern wurde erfasst, ihre Wurzeln wurden immer tiefer mit der Erde verbunden, wurden eins mit diesem Platz, und wie von selbst wurden die Energien und Qualitäten sichtbar, die zueinander gehörten. So fand jede ihren Platz innerhalb der Kreise.

Von hier aus würde jede Einzelne ihre Aufgabe ausüben. Gemeinsam mit der Energie aus der Erde würde hier Großes vollbracht werden.

So bewegten wir uns Schritt für Schritt auf den inneren Tempel zu, und eine jede würde jetzt ihren Raum erschaffen. Zwölf Schwestern, zwölf Qualitäten und Aufgaben, zwölf Räume.

Wir atmeten ein, und wir atmeten aus. So sei es!

Ich stand an der Tür zum Allerheiligsten, ging hinein und stellte mich in die Mitte. Eine jede meiner Schwestern stand in ihrem Raum. Gemeinsam nahmen wir die Verwurzelung in Mutter Erde auf, ließen die Energien immer stärker werden. Dann hoben wir die Hände zum Himmel und verbanden uns mit den Lichtreichen und der höchsten göttlichen Ebene.

Wir ließen aus unserem Herzen die uns innewohnende Qualität der Herzensenergie herausfließen, vereinten sie und erschufen so eine Kuppel aus Energie, die diesen Platz, diese Räume, bewahrte und nährte.

Wir atmeten gemeinsam ein, und wieder aus. Es ist vollbracht.

Eine jede von uns legte ihre Hände auf das Herz, senkte die Augen in einer Verbeugung und dankte dem *Einen*.

Der Himmel öffnete sich, und der *Eine*, er sprach:

„Geliebte Kinder des Lichtes. Seid gegrüßt und seid gesegnet. Ich liebe euch und werde allezeit bei euch sein. Ich führe euch und begleite euch. Ihr sollt Großes erschaffen und Großes bewirken. Ihr sollt Weichen stellen, die in einer fernen Zeit erst benötigt werden. Ihr sollt Zeichen setzen, die die Menschheit in zukünftiger Zeit benötigt, um ihren Weg zu finden, um den Herztempel zu finden, ihn zu aktivieren und seine Botschaften zu begreifen und zu leiten.

Der Tempel des Herzens, er wird erschaffen durch euch. Er wird genährt, und seine Energie wird sich vereinen mit den Toren in der Erde. Euer Reich wird irgendwann versinken in der Dunkelheit, um wieder aufzuerstehen. Es wird ein Goldenes Zeitalter kommen, und die Menschen werden auf die Suche gehen nach dem, was sie verloren haben. Sie werden den Tempel finden, werden beginnen, sich zu erinnern und den Frieden auf die Welt bringen. Ihr, die ihr die Erbauer seid, ihr, die ihr die Mütter seid, ihr werdet da sein, wenn die Zeit reif ist, und der Tempel wird wieder aktiviert. Ihr Schwestern des Herzens, ihr Priesterinnen von Atlantis, ihr seid die Lehrer für die, die kommen werden.

Die Tore werden sich öffnen, die Welten miteinander verschmelzen, und ihr werdet Wegweiser sein für all jene, die auf der Erde wandeln.

Seid gesegnet hier auf Atlantis. Seid gesegnet auf eurem Weg durch die Welten und durch die Zeit. Seid gesegnet in der Zeit, die kommen wird. So sei es!"

Selina:

Ja, geliebtes Kind, das du hier jetzt diese Zeilen liest. Diese Zeit, von der es damals hieß, dass sie kommen würde, diese Zeit ist die deine. Sie ist jetzt.

Da du dieses Buch liest, hast du dich auf den Weg gemacht, den Tempel des Herzens zu finden. Öffne dich für seine Qualitäten, öffne dich für unsere Worte, verbinde dich mit dem Herzkristall von Atlantis, und Großes wird dir zuteil. Ich freue mich aus ganzem Herzen, dass du da bist.

Ich atme ein, und ich atme aus, und heiße dich willkommen.

Die zwölf Tempelräume und ihre Energien

Der Raum der heilenden Kommunikation

Im Tempelraum der heilenden Kommunikation wurden zu Beginn erst einmal alle Worte zusammengetragen und in eine manifestierte Form, also in Schrift, umgesetzt. Die Priesterin dieses Raums begab sich hierzu in tiefe Meditation, öffnete ihr Herz und ließ alles Wissen, das sie in sich trug, herausfließen. Die Energie floss in Lichttafeln hinein, welche im Raum schwebten, und füllten diese mit Worten. Nach und nach wurden die Lichttafeln dann in eine manifeste Form gebracht, sodass sie wie Bücher sortiert und geordnet werden konnten. Die erste weltliche Bibliothek entstand.

Die Priesterin der heilenden Kommunikation:

„Geliebte Kinder des Lichtes, der heilenden heiligen Kommunikation, mit der ihr, während ihr dies lest, wieder rückverbunden werdet.

Öffnet eure Herzen und spürt, wie sich die Energie des Herzzentrums mit dem Kommunikationszentrum verbindet. Spürt, wie die Energie den Verbindungskanal hinauffließt zu eurem

Hals und weiter zu eurem Gehirn, der spirituellen Schaltzentrale. Ihr wundert euch jetzt? Spirituelle Schaltzentrale? Ja, es gibt sie, tief in eurem Gehirn verborgen, den Raum hinter den Räumen, der dem fünften Element zugeordnet ist, dem Äther. In diesem Raum wird alles miteinander verwoben. Er dient genau wie das Herz der Herstellung des Gleichgewichts und der Verbindung zwischen den Welten. Er verbindet die materielle mit der immateriellen Ebene. Auf diesem Wege ist es uns aus der Ebene der Lichtstätten von Atlantis und Lemuria möglich, mit euch in Kontakt zu treten.

Dieser Raum stellt sich perfekt auf eure Schwingung ein, und so auf die Worte und Bilder, die wir euch übermitteln. Nur so ist es euch überhaupt möglich, uns zu verstehen. Je höher ihr schwingt, desto weniger Übersetzung benötigt ihr, und je mehr unsere Schwingung durch euch fließen kann, umso mehr kann sich unsere Heilungsenergie durch euch entfalten.

Ja, damals, als ich diesen Tempelraum errichtet habe, gab es keine Trennung. Alles konnte frei fließen und somit auch die heilende Schwingung der Worte. Damals, zu meiner Zeit auf Atlantis, war es nicht nötig, doch wusste ich, dass die Zeit kommen würde, in der die Menschen der Heilung bedürfen.

Unter diesem Aspekt trug ich alles Wissen zusammen. Ich reiste von einem Tempel zum nächsten, um alle Informationen, alles Wissen, zusammenzutragen, es mit Liebe und Heilung zu füllen, damit die Worte den Menschen helfen, wenn es an der Zeit ist.

Ich nahm Kontakt auf mit den Wesen der Natur, mit den Einhörnern und Delfinen. Sie alle schenkten mir bereitwillig ihr Wissen. Sie ließen es in mein Herz fließen, und immer dann, wenn ich wieder in meinem Tempel war, floss es heraus, um sich zu manifestieren.

Vielleicht fragst du dich jetzt, wie können Worte denn heilen? Nun, so möchte ich es dir erklären:

Immer dann, wenn eine Wahrheit in Liebe gesprochen wird, dann wirst du vielleicht einen Schmerz in dir verspüren, da sie dir etwas vor Augen führt, was du zwar tief in deinem Inneren weißt, aber bis heute verborgen hattest. Immer dann, wenn du dich öffnest für diese Wahrheit, kann sie in der Schwingung der Liebe zu dir fließen, um dich zu heilen. Sie kann dir helfen, die Dinge anzunehmen, anzusehen und zu wandeln.

Heilende Worte können dich trösten, wenn du des Trostes bedarfst. Sie können dich einhüllen wie in eine Decke, dir Geborgenheit und Rückzug schenken. Wann immer du dieser Worte bedarfst, öffne dein Herz, komm in meinem Tempel und empfange.

Heilende Worte können dir Kraft geben, deinen Weg weiterzugehen. Sie können dir Mut machen und dir helfen, an dich selbst zu glauben, dir selbst zu vertrauen.

Siehe, die Kinder auf eurer Erde, sie brauchen diese Worte. Sie benötigen Worte, die aus dem Herzen kommen und sie ermutigen, sich selbst zu vertrauen. Worte, die sie ermutigen, etwas zu probieren und immer wieder aufzustehen, wenn sie einmal gefallen sind. Worte, aus dem Herzen gesprochen, können die Kinder stärken, selbst Worte zu finden, in denen Wahrheit liegt – ihre Wahrheit. Eine solche Wahrheit, aus dem Herzen gesprochen, aus Kindermund, schenkt dir Weisheit und Seelenberührung. Es sind die alten weisen Seelen, die durch sie sprechen, um die Menschen zu heilen. Belächle sie nicht, sondern öffne dein Herz und lausche.

Lass dich führen durch uns auf dem Weg, deine eigene Kommunikation aus dem Herzen heraus zu finden und in dein irdisches Leben zu integrieren. So wird sich vieles in deinem Umfeld wandeln. Altes wird gehen und Neues integriert. Doch wisse, bevor alte Lebensmuster und Verstrickungen gehen, werden noch einmal die Wunden aufreißen, du wirst sie noch einmal spüren. Lass alles herausfließen, übergib es den Engeln, und dann fühle, wie der Raum dahinter gereinigt und mit heilender Energie aufgefüllt wird. Der Stachel der Dualität, der deinen Ausdruck bis hierhin verletzt hat, ist gegangen, hat dein Innerstes verlassen, damit du heilst. Immer dann, wenn dir im Außen ein Mensch mit einer lieblosen Sprache begegnet, erkenne seinen Stachel, seine Muster und Verstrickungen. Lege hier in deine Antworten besonders viel Liebe hinein, so schenkst du deinem Gegenüber die Möglichkeit des Erkennens und Heilens.

Du lächelst jetzt oder schüttelst den Kopf? Wisse, wenn dein Gegenüber noch lauter brüllt, dann hast du seinen tiefsten zu heilenden Punkt berührt. Durch diese Berührung kann die Kruste aufbrechen, kann alles herausfließen, um zu heilen. Seine Worte gelten nicht dir, es ist der Ausdruck seines Schmerzes.

So sind wir in liebenden, heilenden Worten verbunden auf ewig. Durch Zeit und Raum, wenn du es magst.

Atme ein, und atme aus, So sei es!

Cameeh, die Priesterin der heilenden Kommunikation."

Der Raum des Sehens

Birgit:

Der Tempelraum des Sehens zeigte sich mir, noch bevor ich bereit war, zu schreiben. Er füllte mein ganzes Sein mit einer kindlichen Leichtigkeit, so, als wolle dieser Raum sich füllen mit einer Energie, die für Kinder bestimmt ist. Und während ich dieses hier schreibe, kommt die Priesterin dieses Raums immer näher, und ihr JA wird ganz groß in mir.

Die Priesterin des Sehens:

„Ja, geliebte Kinder, die ihr diese Worte lest, und ja, geliebte Seelenschwester, die du diese Worte für uns übermittelst, der Raum des Sehens wurde in kindlicher Leichtigkeit und Verspieltheit von mir gestaltet. Leicht darf es sein, zu sehen. Spaß darf es machen, zu erforschen, was den physischen Augen verborgen bleibt. Damals war diese Leichtigkeit in allem, was wir taten, noch ganz selbstverständlich, schwangen wir doch alle im höchsten Lichte. Konnten wir uns noch daran erinnern, wie es in der Geistigen Welt ist, da wir immer mit ihr verbunden waren. Es gab noch nicht die Trennung, wie sie für euch spürbar ist. Es gab keine Zweifel und auch keinen Verstand, der uns einzureden versuchte, dass das, was wir sehen und fühlen, nicht real ist.

Ihr fragt euch jetzt vielleicht: Warum gab es dann einen Tempel des Sehens, wenn wir doch alle sehend waren? Meine Antwort für euch: Um zu trainieren, um die Wahrnehmungen zu verfeinern, um die Meisterschaft in einen jeden Schüler, in eine jede Schülerin zu legen, denn alle Seelen, die bei mir waren, wurden vorbereitet, in der Zukunft Lehrer zu sein. Sie wurden ausgebildet, vorbereitet, um den Menschen durch alle Zeiten hindurch Weisheit und tiefe Erkenntnis zu bringen.

So kreierte ich meinen Raum und schmückte die Wände nach und nach mit wunderschönen Malereien. Hier versteckte ich Symbole des Friedens, der Heilung – schlicht alles, was dem Lichte dient. Später würde ich auch Dinge der Dunkelheit hinzufügen, wenn die Zeit dafür gekommen ist.

Als alles bereitet war, setzte ich mich in die Mitte meines Raumes und versank in tiefe Meditation. Sehend reiste ich zu allen Orten und suchte die Kinder, die hier bereits geboren waren. Ich nahm Kontakt auf, spürte in sie hinein, nahm ihre Schwingung und alles Potenzial wahr. Immer dann, wenn ich eins fand, dessen Bestimmung es war, Seher zu sein, hüpfte mein Herz vor Freude, und Liebe floss von mir zu diesem Kind. In dem Moment, da ich sein Herz berührte, öffnete sich das Dritte Auge, und es konnte mich wahrnehmen.

Wisse, geliebte Seele, die du hier jetzt diese Zeilen liest, wer einmal eine solche Herzverbindung gefühlt hat, auf diese Weise in Kontakt getreten ist mit uns, der kann nicht anders als uns zu folgen.

So war es für die Kinder leicht, ja, ich würde sogar sagen, wie selbstverständlich, sich aus ihrer bisherigen Familie zu lösen, um mir zu folgen.

Immer dann, wenn ich mich mit meinem Körper auf Reisen befand, um auf irdischer Ebene in Kontakt zu treten, war es jedes Mal ein Fest."

Birgit:

Die Bilder und Gefühle, die die Priesterin mir sendet, überschlagen sich gerade. Ich sehe sie gemeinsam mit vielen Kindern auf einer Wiese tanzen. Sie halten sich an den Händen, hüpfen und singen. Das Element Luft schwingt sich ein, ja, auch die Blumen und alles, was an diesem Platz ist, schwingt und tanzt und freut sich. Es ist ein einziges Fest. Die Eltern der Kinder und das ganze Dorf gesellen sich dazu. Sie stehen im Kreis und lassen diese Energie in ihre Herzen einfließen. Dort berührt, verweben sie sich, und ein Band wird geknüpft, das es ihnen ermöglicht, immer auf energetischer Ebene bei ihren Kindern zu sein.

Als es Abend wird, wird es ganz still. Der Wind, einfach alles, hält für einen Moment den Atem an, und etwas Heiliges legt sich über den Platz.

Die Kinder kehren noch einmal zu ihrer Familie zurück, um sich zu verabschieden. Die Priesterin des Tempels des Sehens steht in der Mitte des Platzes. Sie hebt ihre Hände zum Himmel und öffnet ein Portal, aus dem göttliches Licht in die Mitte fließt. Die Energie der Liebe webt sich mit ein, und im Tempel des Herzens wird der Kristall aktiviert. Selina steht im Zentrum des Tempels und verbindet sich mit den Energien, und so ist es ihr möglich, dabei zu sein. Durch Raum und Zeit hören alle Anwesenden jetzt ihre Worte.

Selina:

„Seid gesegnet, ihr lieben Seelen, die ihr bereit seid, eure Kinder in unsere Obhut zu geben. Wir werden sie in Liebe hüllen, und sie werden glücklich sein. Sie werden lernen, zu sehen, zu hören und zu fühlen, denn dies ist ihnen gegeben, dies steht geschrieben und wird geschehen. Auf ewig seid ihr verbunden, so öffnet euer Herz und spürt die Liebe, die immer da ist.

So atmet ein, und atmet aus. So sei es!"

Ja, so sei es, kommt es aus allen Seelen und tiefe Verbeugung vor dem, was ist. So steht Selina im Tempel des Herzens und gleichzeitig auf diesem Platz und hält die Energie, damit sie sich vervielfacht.

Als alles gefühlt ist, breitet sich diese Stille wieder aus, ein Moment, in dem Neues entstehen kann und möchte.

„So wisse, geliebtes Kind, das du diese Zeilen liest, wann immer du in der Stille bist, wann immer du auf den Moment des Einatmens wartest, können auch in dir Wunder geschehen."

Die Priesterin des Sehens:

„Ich verbeuge mich vor euch, vor dem Vater, vor der Mutter, vor der Gemeinschaft dieses Ortes. Dank und Liebe fließen aus meinem Herzen zu euch, und mit diesem Gefühl breite ich meine Arme aus und heiße die Kinder willkommen.

Ein jedes begrüßte ich einzeln. Ein jedes nahm ich in meine Arme, umhüllte es mit meinem Licht und meiner Liebe, und aus der Tiefe jeder Seele floss der Name des Kindes zu mir, und so antwortete auch ich.

Atme ein, und atme aus, geliebte Seele, die du hier jetzt diese Zeilen liest. Öffne dein Herz und spüre, wie ich mich auch mit dir verbinde. Spüre deine Seele auch, die mir ihren Namen nennt, und spüre, wie der meine zu dir fließt.

Ich bin die Priesterin des Sehens, und mein Name ist Nameh. Lass die Schwingung in dein Herz, in dein ganzes Sein hi-

neinfließen, und fühle. Atme ein, und atme aus, schließe deine Augen und fühle. Fühle mich in deinem ganzen Sein, und dann spüre, wie ich dich an deinem Dritten Auge berühre, um deine Gabe des Sehens zu öffnen, damit sie beginnen kann zu fließen, um durch dich zu wirken.

Atme ein, und atme aus. So sei es!

Als die Zeremonie vorbei war, schloss ich das Portal, und auch Selina schloss die Verbindung und zog sich zurück. Auch wenn die Stille sich nach und nach auflöste, blieb so etwas wie Ehrfurcht zurück, und in dieser Energie blieb ein jeder in seiner Zentrierung. Erfüllt mit dem, was geschehen war, verabschiedeten wir uns noch einmal, und ein jeder kehrte in sein Heim zurück. Die Kinder und ich, wir reisten auf der Energie der Leichtigkeit. Die Sonne war unser Begleiter, und auch die Fröhlichkeit. Auf dem Weg zurück, begann sich spielerisch der Unterricht einzuweben in unser Miteinander – wahrnehmen, was ist, im Sichtbaren, auf eine ganz besondere Weise. Sehen und Fühlen, denn wisse, das eine kann nicht ohne das andere sein.

So erreichten wir den Tempel des Herzens und bezogen unseren Raum des Sehens."

Der Raum der heilenden Berührung

"Ich bin Lestarte, die Priesterin der heilenden Berührung. Ich füge zusammen, hole die Energien aus dem Großen Ganzen herbei, um sie dir zu bringen, zu deinem Heil.

Ich wirke auf dem göttlichen Strahl, welcher sich dir in der irdischen Farbe Grün offenbart. So ist dies auch die vorherrschende Farbe meines Raumes.

Ich kreierte den Tempelraum der heilsamen Berührung wie eine Schale, wie einen Bauch, der dir Geborgenheit, Wärme und Schutz bietet. Über dem Bauch, welcher sich nach unten in die Erde schmiegt, erhebt sich eine Kuppel, ein Gewölbe. Dieses Gewölbe gestaltete ich in der Farbe des Himmels, und die Stimmung wechselte von Tag zu Nacht. Mal sind es die Sterne, die es braucht für Heilung, oder die Wolken am Himmel. Alles ist wandelbar, und so auch mein Raum.

Unter dem Himmelsgewölbe spannte ich in silbernen Fäden die Matrix der Unendlichkeit. Ich zeichnete, platzierte alle Lichtstätten, Planeten, alle wichtigen Knotenpunkte, die mit dem Kosmos der Ur-Matrix verbunden waren.

Zu Anfang war es wichtig, alle diese Energien zu studieren, sie zusammenzufügen, um für das jeweilige zu heilende Thema in der Zukunft eine Heilessenz zusammenzustellen.

Als der Raum fertig war, setzte ich mich in seine Mitte, in seinen Bauch, und ließ alles auf mich wirken. Ich experimentierte, machte mich vertraut mit den Kräften. Ich lernte, sie zu unterscheiden und alles mit der Herzenergie zu verbinden. Erst durch diese Verbindung würde es später möglich sein, den Lebewesen zu helfen.

Wisse, geliebtes Kind, reine kosmische Energie würde euren gesamten Organismus zum Erliegen bringen, da die Schwingungen und Informationen aus reiner Lichtenergie bestehen und mit dem Körper nicht kompatibel sind. Erst durch die Schwingung des Herzens können diese Energien gelenkt werden, in Liebe verbunden und dosiert, sodass genau das ankommt, was du brauchst, um zu heilen, und was das menschliche Gefäß Körper annehmen kann.

Die Energie in meinem Tempel konnte frei fließen, und ich verband alles mit meinem Herzen und lenkte sie. Im Bauch befand sich ein Heil-Bett, in das der Mensch eintauchen konnte. Schwerelos und gleichzeitig umhüllt, konnte er vollkommen loslassen und sich öffnen. So lenkte ich die benötigten Energien zu ihm, hüllte ihn ein. Heilsame Energien berührten den Körper, nahmen Kontakt auf und flossen hinein.

So bist auch du heute in der Lage, über dein Bewusstsein in Kontakt zu kommen mit mir und meinem Tempelraum. Wann immer du der Führung bedarfst, rufe mich, und ich bin da. Wann immer du der Heilung bedarfst, rufe mich, und ich führe dich in meinen Tempelraum, bette deinen irdischen Körper in den Bauch und lenke die Energien, die du brauchst, um zu heilen.

Wann immer du Antworten suchst, rufe mich, und ich werde dich lehren, sie zu verstehen. Ich werde dich lehren, wie einst meine Schüler, das Große Ganze zu verstehen und die Energien zu lenken.

So atme ein, und atme aus. So sei es!"

Der Raum der Stille

"Ich bin die Priesterin der Stille. Meine Berührung ist wie ein leichter Luftzug, die Berührung einer Feder, das Eintauchen in einen Nebel, der dich berührt, und doch nicht. Ich führe dich aus dem Außen ins Innere und schenke dir Frieden.

Wenn du meinen Raum im Tempel des Herzens betrittst, wird dein physisches Auge nichts erkennen. Hier gibt es nichts, und doch alles. Lass diese Worte bitte einmal auf dich wirken und versuche, die Energie dahinter zu erspüren. Öffne dein Herz, nimm meine Hand und lass dich führen.

Ich bin die Priesterin der Stille, und mein Name ist Lee.

Geliebtes Kind, das du diese Worte liest, öffne dein Herz, schließe deine Augen und lass dich durch mich in den Tempelraum der Stille führen.

Fühle, wie ich mit dir auf dem Hauptweg Richtung Tempelanlage gehe. Fühle, wie wir immer wieder anhalten, um zu lauschen und zu fühlen. Dieser Weg ist die Vorbereitung für dich auf meinen Raum der Stille.

Fühle, wie du mit jedem Schritt weiter vertrauen kannst, loslassen kannst. Fühle, wie du mit jedem Schritt weiter in deine Mitte sinkst und alles im Außen immer mehr zurücklässt.

Dann atme ein, atme aus, und steige die Stufen empor mit mir. Halt immer wieder inne und geh dann weiter.

Mein Raum der Stille liegt an der Nordseite der Tempelanlage, und auch hier hat sich die Natur so geformt, dass sie in einer perfekten Symbiose zu der Energie meines Raumes passt. Überall Grün, das das Auge beruhigt. Auch tragen die Blüten und Blätter das gleiche Grün, damit du nicht abgelenkt wirst. Es gibt nichts für deine Sinne zu erkunden, zu entdecken, außer der Stille in deinem Inneren.

Verweile, geliebtes Kind, und wenn du bereit bist, dann streife deine Schuhe ab und auch dein irdisches Gewand. Tauche ein in das reinigende Wasser, das am Eingang zu meinem Raum auf dich wartet, und hülle dich in ein weißes Gewand. Spüre, wie die Wesen des Wassers alle Dualität, alle Störfelder in deinem Energiefeld festhalten, sodass sie zurückbleiben.

So nimm meine Hand, und ich führ dich hinein in den Tempelraum der Stille. Ich führe dich in die Mitte, wo du Platz nehmen kannst. Fühle die Energie in meinem Raum und fühle mich, die ich dich jetzt an deinem Herzen berühre. Atme, liebes Kind, Atme ein, und atme aus. Atme die Energie und hülle dich ein. Atme sonst nichts, atme, und dann fühle, wie sich ein Raum in dir öffnet und die Energie der Stille sich in dir entfaltet. Fühle den Frieden in dir und die tiefe Verbundenheit. Lass Raum und Zeit hinter dir. Versinke..."

Birgit:

Liebe Leserin, lieber Leser, die Priesterin Lee schenkt mir weniger Worte, als dass es Gefühle sind und Bilder, und so möchte ich diese an dieser Stelle mit dir teilen. Für mich schwingt etwas Heiliges, Unberührtes, ja, Unschuldiges oder, wenn du magst, Ursprüngliches in der Energie der Priesterin und auch in der Energie des Tempelraumes. Es ist eine Energie, die mit Worten schwer zu beschreiben ist. Sie berührt ganz tief. Sie weckt die Sehnsucht nach ihr und schenkt gleichzeitig die innere Gewissheit, diese Qualität im eigenen Inneren zu finden. Die Bilder zu dem Raum der Stille liegen in einem weißen bis kristallinen Nebel, der umhüllt und einhüllen möchte. Ja, und so fehlen mir hier wieder die Worte, und ich sehe die Priesterin lächeln.

„Geliebtes Kind, ich lächele, weil du etwas zu beschreiben versuchst, das du nur fühlen kannst. Fühle einfach, und die Welt der Stille wird sich dir offenbaren. So lade ich alle Seelen, die dieses Buch lesen, ein, zu fühlen, so wird sich der Raum öffnen, und es wird für jede Seele anders sein.
Ich liebe euch, und ich bin da, um euch zu führen, vom Außen ins Innere, vom Lauten in die Stille. Wenn du die Stille gefunden hast, sie ganz in dir aufnimmst, ihr erlaubst, in alle Aspekte deines Seins hineinzufließen, dann, ja dann, geliebtes Kind, wird Großes geschehen. In der Stille liegt eine große Kraft, in der Stille liegen Wahrheit und Wahrhaftigkeit. In der Stille liegt alles, wonach deine Seele ruft.

In Liebe, Lee."

Der Raum des Gebetes

„Ich bin die Priesterin des Gebetes, und zu Beginn erschuf ich einen Raum, in dessen Mitte ich auf den Boden ein Pentagramm zeichnete. Von dessen Mittelpunkt aus entfaltete sich ein Stern, dessen Spitzen am Ende des Kreises endeten. Alte Zeichen brachte ich an, manches schon im Sichtbaren, und manches würde sich erst im Laufe der Zeit zeigen. Wenn du so magst, war es unvollendet, doch energetisch in vollkommener Harmonie. So, wie sich durch Gebete die Dinge entfalten können, so würden sich auch dieser Raum und auch das Pentagramm entfalten – immerwährende Veränderung.

Göttliche Energie strömte in den Raum, füllte alles aus. An den Wänden manifestierte ich Nischen in der Form von Torbögen, die der Aufbewahrung der Gebete dienen sollten. Ja, du könntest sagen, dass der Raum des Gebetes gleichzeitig die Bibliothek der Gebete war. Im Laufe der vielen Jahre trug ich alles zusammen. Ich wanderte durch das Land und lauschte den Erzählungen, Erkenntnissen und Weisheiten der Menschen. Ich lauschte ihren Gesängen und Gebeten. Alles, was mein Herz berührte, ich als wahrhaftig erkannte, nahm ich auf, um es später als Lichtenergie in die Kristalle einfließen zu lassen, die immer zahlreicher in den Nischen wurden.

Zu Beginn dieser Zeit dienten die Gebete ausschließlich dem Wachstum und der Entfaltung, gab es doch kein Leid und keinen Schmerz. Erst als die Dunkelheit kam und somit das Leid über die Menschen, bekamen die Gebete eine andere Energie und Aufgabe.

Geliebtes Kind, Gebete sind mehr als Worte, und in deiner Zeit sollten sie wieder auf eine neue Stufe gestellt werden.

Heute dürfen die Gebete sich wieder wandeln und sich ausrichten auf Bewusstsein und Entfaltung. Sie dürfen dich wieder zurückführen zum Ursprung aller Dinge, sie dürfen dich führen in die heiligen Bibliotheken, so auch zu mir. Öffne dich für die Weisheit und Kraft der Worte, für ihre Energie, ihre Schwingung. Lass dich lehren und führen von mir, der Priesterin des Gebetes. Mein Name ist Sahra, und ich freue mich, dir zu helfen auf dem Weg zurück ins Licht.

Zu meiner Zeit auf Atlantis diente der Tempel auch dem Studieren. Von meinen vielen Reisen brachte ich immer wieder Menschen mit, die bereit waren, mir zu folgen, und die sich öffneten für das Studium der Gebete. Wir saßen oft Stunden zusammen über einem Gebet. Wir untersuchten die Schwingung der einzelnen Worte und die Schwingung der Worte in Gemeinschaft. Wir untersuchten die Wirkungsweisen und stellten so fest, dass sie bei jedem Wesen anders waren. Ja, ich spreche hier von Wesen, da wir die Gebete auch in Verbindung mit den Tieren und der Natur untersuchten. Wir kamen zu der Erkenntnis, dass die Gebete mannigfach eingesetzt werden konnten, da ihre Schwingung immer genau mit der Schwingung des Betenden, zu seinem Anliegen, passte. Essenz traf sozusagen auf Essenz, und so konnte beides in die Veränderung gehen, so konnte beides seine Schwingung anheben.

Unser Erkennen war, dass sich durch diese Verschmelzung die Schwingung des Gebetes veränderte und somit seine Kraft, etwas zu bewegen."

Birgit:

Liebe Sahra, so möchte ich dich bitten, schenke uns ein universelles Gebet, das uns auf der Erde in dieser Zeit darin unterstützt, die Dinge im Außen zu erkennen und zu verstehen; das uns unterstützt, weiter in die eigene Kraft zu kommen, unsere ureigenen Ängste zu erlösen und den Weg des Lichtes zu gehen.

Sahra:

„Geliebte Seele, so atme ein, und atme aus. Lass es geschehen. Geh in die Meditation, in die Stille, und öffne dein Herz. Dann lausche dem Gebet der Unendlichkeit und spüre, wie dein Herz darauf antwortet. Wenn das Gebet und die Antwort deines Herzens miteinander verschmelzen, dann wird sich alles entfalten, was jetzt in dein Leben strömen darf.

Gott Vater, Mutter,
ich rufe hinein in die göttlichen Reiche,
erhöre mich!
Gott Vater, Mutter,
ich rufe hinein in die göttlichen Reiche,
führe mich!
Gott, Vater, Mutter,
ich bin bereit, mich zu öffnen und zu vertrauen!
Ich bin bereit, dass dein göttlicher Plan sich
durch mich entfaltet!
Ich bin bereit. Dein Wille geschehe, jetzt!

So atme ein, und atme aus, geliebtes Kind, und empfange.

In Liebe, Sahra."

Der Raum der Meditation

Birgit:

Es ist, als würde der Raum sich erst noch ordnen, als wollte er sein Bild und seine Energie noch nicht offenbaren. Und so zaubert er doch ein Lächeln auf mein Gesicht, weiß ich doch in meinem Herzen, dass es etwas mit meiner eigenen inneren Ordnung zu tun hat.

An diesem Morgen möchte mein Kopf sich immer wieder einmischen, möchte mein Kritiker sein, mich auffordern, mich und mein Tun zu hinterfragen. Ja, das darf sein, lieber Leser, liebe Leserin, denn auch ich wachse und heile weiter, mit jedem Wort, das entsteht, mit jedem Bild und jeder Botschaft, die sich durch mich entfalten darf. Während ich euch dies erzähle, öffnet sich der Raum immer mehr, und ich stehe jetzt am Eingang des Raumes der Meditation.

Es ist ein heller, lichtdurchfluteter Raum, offen nach vorne im Halbkreis. Weiße, seidene Stoffe wehen rechts und links von jeder Öffnung im Wind, als wollten sie die Leichtigkeit herübertragen und mich und auch dich einladen, näherzukommen.

Und da ist sie, die Priesterin der Meditation, und winkt uns beide zu sich.

„Geliebte Kinder, ihr zaubert mir ein Lächeln auf mein Gesicht, und ich fühle, wie ihr euch fühlt. Ich webe ein Band der Verbundenheit von mir zu dir, und die Energie kommt schwebend zu dir. Heute trägt sie die Energie der Worte, damit du,

liebe Birgit, mich hörst und die Worte an alle Seelen weitergibst, die sich dafür öffnen.

Ja, geliebte Kinder des Lichtes, ohne Öffnung, ohne Vertrauen bleibt ihr stecken in eurer Entwicklung. Doch hier an diesem Ort und mit diesem Buch geht es um mehr. Hier geht es um Wachstum, um Rückverbindung, um Aktivierung und Heilung deines atlantischen Erbes. So komm herein in meinen Tempelraum der Meditation und lass dich lehren, lass dich führen und berühren von mir.

Ich bin die Priesterin der Meditation, und der Name, den ich dir schenke, ist Esa.

Schau, das Licht in diesem Raum, es ist pure Energie, und ich werde es immer dem Menschen anpassen und seinem Anliegen, mit dem er in die Mediation gehen möchte. So wird der Raum sich immer wieder neu gestalten. Manchmal werden sich die Öffnungen, durch die du hindurchgekommen bist, hinter dir schließen, damit die Energien sich zentrieren, bündeln, und du versinken kannst. Manchmal werden die Türen sich ein Stück weiter öffnen, damit du lernst, zu fliegen und die Freiheit in deinem Inneren spüren kannst.

Ich werde dich lehren, deinen Geist zu beruhigen, deinen Verstand an die Hand zu nehmen und auf der Energie des Herzens zu reisen. So führe ich dich zuerst in die Erde, damit du den Weg nach Hause wiederfindest. Dann führe ich dich in deine innere Mitte, aus der heraus du alle Kraft schöpfen kannst, die du für dein Leben brauchst. Dann führe ich dich in dein Herz, um es zu öffnen, damit du deine Wahrheit fühlen kannst.

Ich werde dich lehren, das eine vom anderen zu unterscheiden, denn das ist wichtig, damit du keinen Trugbildern hinterherläufst, und glaube mir, geliebtes Kind, das du diese Zeilen liest, es gibt sie. Der Schatten ist immer da, die Energien aus dunkleren Reichen sind immer da und werden versuchen, dich in die Irre zu führen. Sie dürsten nach deinem Licht, sie dürsten nach deiner Kraft, doch wisse, ihre Zeit und ihre Macht haben keinerlei Einfluss auf dich, wenn du im Lichte bleibst. Darum werde ich dich lehren, das eine vom anderen zu unterscheiden.

So kannst du dich entscheiden, immer wieder aufs Neue, wem du dienen möchtest. Deine Ausrichtung zählt, sie ist wichtig – auch oder vielmehr gerade –, wenn du zu mir, zu uns kommst in den Tempel, um zu lernen.

Auch wenn wir erst später vom Untergang Atlantis berichten werden, so wissen wir natürlich, was geschehen ist und wie es möglich war. So wisse, geliebtes Kind, geliebte Seelen, wir werden euch mit der größtmöglichen Achtsamkeit begegnen und mit aller Liebe. Ihr seid kostbar, ihr seid die Zukunft, die Hoffnung der Geistigen Welt. Ihr seid, genau wie wir damals, die Erbauer.

So lass dich führen von mir, Esa. Lass dich lehren, wie du in tiefe Meditation versinken kannst, wie du dich von deinem irdischen Körper löst, um in die höchsten Lichtreiche zu reisen, und wie du zurückkehrst in deinen Körper, wieder eins wirst mit ihm und der Erde, um das erworbene Wissen aus den Reichen, die du bereist hast, in dein irdisches Leben zu bringen.

Ich liebe dich, und ich segne dich.
Esa."

Der Raum des Körpers

„Zu Beginn der Zeit auf Atlantis war dieser Raum noch nicht ganz seiner Bestimmung zugeführt. Da wir noch nicht vollständig in einem irdischen Körper waren, entwickelte sich der Raum mit uns. Er wandelte sich – genau wie wir – vom Licht in manifeste Form. Zu Anfang diente er dem Studium des Wandlungsprozesses.

So beobachtete ich meinen eigenen Körper mit all seinen Veränderungen, aber auch die Körper meiner Mitschwestern und aller Seelen, die bei uns waren, um zu lernen. Wir schrieben alles auf, hielten alles fest. Damals wussten wir nicht, warum, aber heute wissen wir, dass dieser Prozess gerade eine Umkehrung erfährt. Ihr, liebe Seelen, erfahrt diese Umwandlung vom Körper zum Lichtkörper. Vor vielen irdischen Jahren wurde diese Umkehrung eingeleitet. Jetzt, da ich diese Botschaften übermittle, nimmt der Prozess der Metamorphose an Schwung auf. Hohe Transformationsenergien stürmen geradezu zu euch, und Lichtenergien aus den höchsten Lichtreichen fließen in einer Stärke und Intensität, wie sie noch nicht da gewesen ist. So lade ich jedes Menschenkind ein, zu mir zu kommen, damit ich helfen kann, dem Körper helfen kann, sich zu wandeln und mit den Energien in Harmonie zu kommen.

Da wir, wenn auch anders herum, das Gleiche erfahren haben, können wir euch optimal unterstützen. Oh, verzeih, liebe Seele, ich spreche hier immer in der Mehrzahl, bin ich doch nicht allein. Ja, wir sind viele, viele geworden im Laufe der Zeit auf Atlantis, und viele Transformationshelfer braucht es jetzt für euch auf der Erde.

Als wir begannen, Mensch zu werden, begannen wir auf eine ganz andere Art und Weise zu fühlen und wahrzunehmen. Unsere Sinnesorgane wandelten sich und schenkten uns eine wahre Explosion an Gefühlen. So machten wir auch Bekanntschaft mit Schmerz.

Ich lächle an dieser Stelle, denn das, was wir zu Beginn als Schmerz kennenlernten, ist nichts im Vergleich zu dem, was kommen sollte, oder was ihr auf der Erde erlebt habt. Es war ein Hauch, ein Kratzer, für uns war es jedoch vollkommen neu und unbekannt.

Ich werde dieses Gefühl nie vergessen, als ich mich an einer Rose stach. Er war faszinierend, der Schmerz, und es war faszinierend, dass der Körper an dieser Stelle blutete. Ich beobachtete die Stelle, ihren Reinigungs- und Heilungsprozess, und lernte.

Ich begann, mit diesem Körper zu kommunizieren, und lernte so seine Beschaffenheit und Abläufe kennen. Durch diese Erkenntnisse konnte ich bei den Transformationsprozessen vom Lichtkörper in einen menschlichen Körper helfen.

Bei euch geht es um Ausdehnung, darum, höher zu schwingen und Lichtkörper zu werden. Bei euch geht es um Wachstum, bei uns ging es darum, unser Licht so zu bündeln und letztendlich auch Teile davon auszulagern, um in der Enge eines Körpers zu wohnen.

Heute bin ich Licht mit der irdischen Erfahrung, die dir helfen kann, Licht zu werden.

Ich bin die Priesterin der Transformation des Körpers, und mein Name ist Eleja."

Der Raum der Reinigung

"Liebes Kind, ich führe dich in meinen Raum der Reinigung. Hier ist alles fließend, und der Raum schwingt in Leichtigkeit. Er ist im Fluss, und so kannst du dich getragen fühlen, umhüllt von reinigenden Wassern und Energien, wenn du ihn betrittst.

Als ich diesen Raum erschuf, hatte er die Aufgabe, uns für rituelle Waschungen zu dienen. Aus diesem Grund schwingt er in der Energie der Leichtigkeit. Doch was immer auch geschehen ist, er hat seine Grundschwingung nie verändert.

Zu Beginn war dieser Raum getragen von Lichtenergie, und die Farben der Energien waren eher in Pastell. Im Laufe der Zeit, als die Energien sich verdichteten, verdichteten sich auch die Reinigungsenergien und die vorherrschenden Faben waren violett und rot.

Das violette Licht ist euch als Transformationsenergie bekannt, und es entspringt der violetten Flamme, dem Ursprung der Wandlung. Das rote Licht ist die Energie der Dynamik, das Feuer, welches die Kraft hat, alles zu verzehren. Diese Energie gilt es zu bändigen, und es bedarf der Meisterschaft, um mit und durch sie zu wirken.

Als ich diesen Raum erschuf, war es ganz leicht, sich den reinigenden Energien und Wassern hinzugeben. Oft ging es fröhlich zu. Immer dann, wenn Schüler diesen Raum betraten, brachten sie die Schwingung der Freude, ja, Ausgelassenheit mit, kamen sie doch hierher, um im Anschluss ihre Weihe zu empfangen.

Du kannst es ein wenig mit eurem Schulsystem vergleichen. Zu Beginn des Weges waren sie Erstklässler, die nach erfolgreichem Abschluss der ersten Stufen eingeweiht wurden. Hierüber wurde ihre Energie erhöht und dem Körper angepasst, damit sie, wenn sie weitergingen auf dem Weg der Entwicklung, Raum und Reife hatten, um größere Energien aufzunehmen.

Ja, mit jeder Entwicklungsstufe wuchs nicht nur das Wissen, sondern es wuchsen auch die Energien und somit die Möglichkeiten, durch sie und mit ihnen zu wirken.

Es war jedes Mal besonders, diese jungen Seelen zu erleben und sie in einer Reinigungszeremonie auf ihre Einweihungen vorzubereiten.

Auch heute bin ich mit meinen Energien und meinem Wissen in eurer Welt anwesend, wirke mit in den Vorbereitungen und Reinigungen, die durch eure weltlichen Lehrer vollzogen werden.

Es ist mir eine große Freude, wenn ich gerufen werde und durch diese Seelen wirken darf.

Liebes Kind, das du gerade diese Zeilen liest. Öffne dich und rufe mich. Ich werde dir die Wege zeigen, die dich zu mir, zu uns, führen. Ich werde dir die Tore öffnen, damit du in unserem Tempel unterrichtet werden kannst. Ich werde dich an die Hand nehmen, um dein Energiefeld zu reinigen und vorzubereiten auf das, was auf dich wartet.

Fühle mich, geliebte Seele, denn ich bin bei dir.
Atme ein, und atme aus. So sei es!

In Liebe, Estell, Priesterin der Reinigung."

Der Raum der Einweihung

Birgit:

Ich fühle ihn in so mannigfacher Weise, wie es Stationen gibt auf unserem Weg zur Erleuchtung. Die Energien schweben um mich herum und sind noch nicht bereit, sich zu ordnen, sodass ich die Worte der Priesterin empfangen kann. Und so nehme ich Lächeln wahr, liebevoll und „rücksichtsvoll".

Lieber Leser, liebe Leserin, ich finde hierfür gerade keinen anderen Begriff.

Doch da schwebt die Frage der Priesterin zu mir: Bist du bereit – liebes Kind, das du unsere Worte aufschreibst, bist du wirklich bereit für das, was jetzt auf dich zukommt? Bist du bereit, die Schwingung durch dich fließen zu lassen, deine Seele zu öffnen, damit du berührt werden kannst? Bist du bereit?

Aus meinem Inneren steigt ein zaghaftes JA empor, ich spüre etwas Großes, und so atme ich tief ein und aus, und schließe meine Augen, um dann zu beginnen.

Die Priesterin:

„Geliebtes Kind, das du diese Zeilen liest. Ich bin die Priesterin der Einweihung. Meine Energie ist fließend, umhüllend. Ich sehe bis auf den Grund deines Seins. Ich blicke durch Zeit und Raum in die Unendlichkeit der Welten, und ich hole alle Energien, die es braucht, damit du eingeweiht wirst, auf die nächste Stufe deiner Entwicklung gestellt wirst, um zu dienen. Ja, geliebβ-

te Seele, wir, die wir reinen Herzens sind und Licht, wir dienen diesem. Wir dienen dem höchsten Göttlichen zum Wohl aller. Wir dienen, indem wir uns bereit erklären, alle Energien durch uns durchfließen zu lassen und sie dorthin zu führen, wo sie gebraucht werden. Wir dienen, indem wir uns stetig weiterentwickeln, unser Handeln hinterfragen, uns selbst hinterfragen, denn nur so, geliebtes Kind, nur so kann wahre Größe entstehen. Eine Größe ohne Wertung, Bewertung, eine Größe in Wahrhaftigkeit und Liebe zu Allem-was-ist. Eine Größe der Achtsamkeit, der Demut. Eine Größe, das Nein des anderen zu akzeptieren, alle Lebensformen zu akzeptieren, alles so zu nehmen, wie es ist.

Das bedeutet nicht, blind durch die Welt zu laufen, durch dein irdisches Leben zu stolpern, sondern vielmehr in deine Größe zu gehen, um zu erkennen, was ist. Du sollst nicht alles gutheißen, was dir begegnet, doch wenn du es nicht ändern kannst, wandeln kannst, weil dein Gegenüber nicht dazu bereit ist, oder das Große Ganze noch nicht bereit ist, dann darfst du dich zurückziehen, auch wenn es schmerzt. Auch wenn du das kommen siehst, was nicht in der Ordnung ist, nicht in der Liebe ist.

Dieses, geliebtes Kind, ist wahre Größe, und dies versteht die Geistige Welt als dienen. Du bist keine Magd, kein Hanswurst, sondern ein göttliches Wesen mit eben diesem Auftrag, unterzeichnet in den lichtvollen Reichen, bevor du in dieses Leben eingetaucht bist, verankert in deinem Seelenplan und den Plänen des Großen Ganzen. Niemand ist allein, geliebtes Kind. Wir sind viele, wir sind eins.

So diente der Raum der Einweihung zu damaligen, aber auch zu heutigen Zeiten, der Prüfung. Ich prüfte eine jede Seele, die es galt, auf die nächste Stufe zu bringen. Ich blickte in die Tiefe ihres Seins, ich blickte in die Unendlichkeit und sah ihren

Platz und die erworbene Reife. Ich erkannte und erkenne, wann eine Seele wirklich bereit ist. Immer wenn dies geschieht, strömt unendliche Liebe aus mir heraus und hüllt die einzuweihende Seele ein. Dies ist mein Einverständnis, und erst dann werden die Vorbereitungen für die Zeremonie getroffen.

Dies geschieht durch den Lehrer, denn er kennt seinen Schüler, seine Schülerin, und er kennt die Energie, die das Wissen trägt, welches er vermittelt hat. So ist der eigentliche Ort der Einweihung immer genau da, wo alles zusammentrifft. Du kannst es dir so vorstellen: Hat der Einzuweihende das Thema Vertrauen, Leichtigkeit und Fließen lassen erfolgreich abgeschlossen, so kann es sein, dass die Einweihung im Wasser des Meeres vollzogen wird.

Geht es bei dem Thema um die Natur und ihre Wesen, so wird die Einweihung in den Kathedralen der Wälder stattfinden.

Einweihungsräume, geliebtes Kind, können überall erschaffen werden, die entsprechenden Verbindungen hergestellt, und alle Energien, die es braucht, können einströmen. Ruf mich, die Priesterin der Einweihung, und ich werde alles prüfen. Dann bitte deinen Lehrer, einen Raum zu erschaffen, der mit den Energien, die es braucht, gefüllt wird. Und dann rufe die Einweihungsengel und bitte um Führung, damit die Seele, die Einweihung erfährt, auf die nächste Entwicklungsstufe angehoben wird.

Spüre meinen Segen für dich und deinen Weg. Ich danke dir und hülle dich ein in meine Energie und Liebe.

Ich bin, Namira, die Priesterin der Einweihung."

Der Raum der kindlichen Freude

Birgit:

Hier darf ich, und somit auch du, erst einmal ganz eintauchen in diese wunderbare Schwingung.

Dieser Raum ist offen, der Wind spielt mit seidenen Vorhängen, und es scheint, als würde er tanzen, so, als würde er sich über diesen Stoff ausdrücken. Es ist wie eine Umarmung, ein Loslassen, ein Schweben, aber es scheint auch, als würden Kinder Verstecken spielen, als würden sie sich hier in diese Stoffe mit hineinweben, sich umhüllen und darauf warten, dass der Wind sie freigibt, damit sie zum nächsten laufen können. So, wie ich dir dies erzähle, lieber Leser, liebe Leserin, höre ich dieses Lachen, diese Freude der Kinder, und der Raum füllt sich mit der Energie der Leichtigkeit und der Freude. Die Energien des Herzens und der Heilung strömen mit hinein.

In der Mitte des Raumes beginnen diese Energien miteinander zu tanzen, sich zu verweben, und es scheint, als würde diese Energie wie eine bewegliche Säule aus Seide jetzt ankommen in diesem Raum, in dieser Mitte, und aus diesem Tanz, dieser Umarmung, wird immer sichtbarer ein menschliches Wesen. So kommt alles zur Ruhe, kommt alles an, wird alles still. Es ist eine Stille, die gleichzeitig diese Freude in sich trägt. Es ist eine Stille, die auch ein wenig wie aufgeregt scheint und Vorfreude in sich trägt auf das, was jetzt erblühen, was sich zeigen, was entstehen möchte. Und so sehe ich in diesem Raum viele Kinder. Ein jedes hat seinen Platz gefunden und sitzt im Schneidersitz auf der Erde. Der Wind zieht sich zurück, und so finden auch die Vorhänge ihren Platz, kommen zur Ruhe und unterstützen die Stille und halten den Raum, der hier entsteht.

Die Priesterin Isi:

So steht die Priesterin der kindlichen Freude jetzt in der Mitte des Tempelraums. Ihre Augen strahlen, sie strahlen in kristallinem Blau, und sie versprühen Weisheit und Güte in Leichtigkeit. Es sind die Augen eines Kindes, das erwacht und beginnt, die Welt zu erkunden, und es sind die Augen einer weisen Seele. Es sind Augen, welche die Schöpfung erkennen, darum weiß und die Dinge hinter den Dingen sieht und das Große Ganze begreift. Die Priesterin faltet ihre Hände wie zum Gebet und führt sie an ihr Drittes Auge und verbeugt sich vor jedem einzelnen Kind, um es zu begrüßen. Dann lässt sie ihre Arme sinken, dreht die Handflächen nach oben und lässt langsam ihre Arme emporsteigen. Gleichzeitig werden all die Energien sichtbar – die der Leichtigkeit, in der Farbe der Sonne, die der Liebe des Herzens, in der Farbe Rosé, und die Energie der Heilung in kristallinem Grün. All diese Energien verweben sich miteinander wie in einer Umarmung, einem Tanz, und es ist wunderschön anzusehen.

„So darfst auch du, liebe Seele, dich mit deinem Bewusstsein hierher versetzen, um zu sehen und zu fühlen. Lass dich berühren von dieser Leichtigkeit, dieser Freude, so, wie ich es tue, und wenn du magst, dann öffne deinen Lichtkörper, deine Energiebahnen und lass diese wunderbare Schwingung hineinfließen. Lass sie deinen Körper ausfüllen, spüre, wie sie fließt und dein Innerstes berührt, wie sie in dir Türen öffnet, die verschlossen sind.

Dahinter liegen alte Verletzungen, und über allem liegt das Irrlicht, der Glaube, dass das Leben so nicht sein kann. Und doch ist all dies in dir, jetzt hineingeflossen, aber es ist auch in dir als Erinnerung an eine unbeschwerte Zeit, und es ist in dir als Lichtkristall aus diesem Tempel. So segne ich dich, geliebtes Kind, ich, die Priesterin dieses Tempelraums, die zu dir gesprochen hat; die dich berührt hat, und die dir helfen möchte, in diese Leichtigkeit zurückzufinden; die dir helfen möchte, die Kinder in dir, die du jemals warst, und das Kind in dir, das du bist, zu heilen. Dieses ist die Aufgabe des Tempels, in dem ich wirke.

In der Zeit auf Atlantis, als alles frei in der Schwingung war und keine Dualität unser Leben beeinflusste, da war es leicht, all diese Energien anzustoßen. Da war es leicht, alles in diese Schwingung zu versetzen, und so war es zu Beginn der Zeit, und so war es in der ganzen Epoche, der Hoch-Zeit, wie ihr das nennt, meine Aufgabe, die Kinder den Umgang mit diesen Energien zu lehren.

So nehme ich dich mit in diese Zeit, führe dich noch einmal zurück in diesen Tempelraum, in dem du bereits gewesen bist, und wenn du magst, lade ich dich ein, dich einzureihen in den Kreis der Kinder von damals. Ich lade dich ein, dich zu ihnen zu setzen, wenn du magst, oder aber dir einen anderen Platz zu suchen, um zu beobachten. Es ist deine Entscheidung, auf welche Weise du teilhaben möchtest, an diesem Tag, in meinem Tempel auf Atlantis.

So lehre ich die Kinder hier, in die Zentrierung zu gehen und trotzdem die Lebendigkeit aufrechtzuerhalten, in ihrem Körper, in ihrem Fühlen, diese Freude. Es ging darum, dieses Wirken ganz bewusst mit diesem menschlichen Körper zu erfahren. Es ging darum, die Freude im Herzen zu spüren, im Körper, und sei-

ne Reaktionen darauf wahrzunehmen. Es ging darum, dass all dies entstehen und sein durfte. Die Kinder lernten, den Impulsen zu folgen, und so möchte ich dir hier, du liebe Seele, einmal zeigen, wie dieses ist, und wenn du magst, dann tu es den Kindern hier in diesem Raum gleich.

So fühlen wir uns in unserem menschlichen Körper, wir bewegen unsere Zehen, unsere Finger. Wir bewegen unsere Füße, unsere Beine, unseren Rücken und unseren Kopf. Wir fühlen jedes einzelne Körperteil ganz bewusst, und dann beginnen wir, uns auf der Erde zu fühlen. Die Energie der Erde zu fühlen, die Wärme, die Liebe und auch die Geborgenheit, die uns die Erde schenkt. Dann wenden wir unseren Blick hinauf in die höchsten Ebenen und werden uns der lichtvollen Heimat bewusst. Wir wissen um unsere Verbindung, nehmen sie kurz wahr, um uns dann wieder der Erde und dem Körper zuzuwenden.

Ich sitze auf der Erde, in der Mitte dieses Kreises, und zeige den Kindern, wie sie die Energie aufbauen. Wir schöpfen aus der Erde die Kraft, wir schöpfen aus unserem Herzen die Liebe, wir schöpfen aus unserem Kindsein die Freude, und wir schöpfen aus der Natur heilende Kräfte. All dies nehmen wir auf, mit der Bewegung unserer Arme und den geöffneten Händen nach oben. Unsere Hände und Arme bleiben in der Mitte des Körpers stehen, und wir spüren diese Energie. So spüre auch du die Energien, so, wie sie jetzt bei dir sind.

Fühle und siehe, wie diese Energien beginnen, sich zu entfalten, wie die Kinder in der tiefen Verbundenheit mit der Erde, sich selbst und diesen Energien, jetzt hinausgehen. Heute ist die Aufgabe, diese Energien hinauszubringen in die Natur, zu den Tieren, Bäumen und Pflanzen. Eine kleine Gruppe von Kindern, allen voran ein kleines Mädchen, wenden sich jedoch dem Meer zu, und sie gehen zum Strand. Ich bitte dich, mit ihnen zu gehen. Ich werde meine Energie teilen, sodass ich bei jedem Einzelnen bin, so auch bei dir.

Sieh, wie Delfine kommen und wie sie einen der ihren mitbringen. Er lebt schon sehr lange, und er möchte noch einmal die Freude und Leichtigkeit der Jugend spüren, bevor er sich verabschiedet und für immer geht. So sieh, dieses Mädchen, das jetzt aus all diesen Schwingungen eine energetische Kugel geformt hat und sie dem älteren Delfin übergibt. Sieh, wie diese Kugel über seinen Körper rollt, bis zu dem Punkt, wo das Ein- und Ausatmen geschieht. Sieh, wie die Energien in den Delfin hineinströmen, alles ihn ausfüllt, er noch einmal die Freude, die Leichtigkeit, die Herzensenergie und die Berührung der heilenden Kräfte spüren kann, und vielleicht kannst du sehen, wie seine Augen in Dankbarkeit leuchten, dass er all dies in seinem Körper noch einmal fühlen kann. Sieh, wie er dem Kind dankt, wie das Kind mit seinen Händen ihn berührt, und wie es sein Drittes Auge auf das seine legt, auf ewig verbunden.

Dann sieh, wie sich das Kind auf die Erde vor den Delfin setzt, und wie es das Geschenk der Weisheit dieses Lebewesens empfängt. Dann nimm wahr, wie der Delfin noch einmal einatmet und mit der letzten Ausatmung all das Licht, all die Freude und Liebe hinausgibt in die Welt. Sieh, wie der Wind es aufnimmt, um es an Orte zu tragen, die diese Energie benötigen.

So verbeugt das Kind sich in tiefer Dankbarkeit vor dem Delfin, und die anderen Delfine nehmen den älteren mit und bringen ihn zu seiner letzten Ruhestätte.

Liebe Seele, nimm jetzt einmal die Energie wahr – das Kind, es ist von Dankbarkeit getragen, dass es dies für den Delfin tun *konnte, und siehe und erkenne, was aus dem, was geschehen ist und was der Delfin weitergegeben hat, entstehen kann.*

Wisse, geliebte Seele, die du diese Zeilen liest, wir können nicht erfassen, wir können in diesem irdischen Körper und in deiner Zeit nicht das Große Ganze erkennen. Doch sieh, durch das, woran ich dich habe teilhaben lassen, was entstehen kann durch eine Berührung, durch das Weitergeben von Energie und die Berührung der Herzen. So möchte ich dich bitten, liebe Seele, schließe in deinem Tempo all deine Türen auf. Lass den Schmerz und die Dunkelheit, die dahinter verborgen sind, sich mit den Energien berühren, die wichtig sind, damit du heilen kannst. Dann tritt heraus und beginne zu senden, so, wie es der Delfin getan hat.

So komm, wir alle, wir kehren jetzt zurück in den Tempelraum. Wir alle bilden gemeinsam einen Kreis, und du bist eingeladen, dich einzufügen, und wenn du magst, dann reiche ich dir meine Hand. Wir alle reichen uns unsere Hände.

Über die Berührung sind wir miteinander verbunden, über die Erde miteinander verwurzelt, und über die Energie der Liebe berühren sich unsere Herzen. So nutzen wir diese Zeit, diesen Moment, um nachzuspüren, was wir erlebt haben, denn wisse, Ähnliches ist jedem Kind geschehen. Auch die Bäume, die Pflanzen, all die Tiere, alles, was es gibt auf der Erde, im Sichtbaren und im Unsichtbaren, kann auf diese Art und Weise berührt werden und mit dem Ausatmen die Energie um ein Vielfaches aussenden.

So spüre, wie wir jetzt in der Gemeinschaft beginnen, einzuatmen – die Freude, die Leichtigkeit, diese Stille jetzt auflösen, diesen Moment, das Anhalten. Spüre, wie alles lebendig wird, wie wir uns loslassen, damit der Körper sich bewegen kann in dieser Leichtigkeit und Freude, in der Art und Weise, wie es Kinder tun.

So höre das Lachen wieder, das Albernsein. Siehe, wie der Wind beginnt, mit den Stoffbahnen zu spielen, und auch die Kinder ihr Spiel wieder aufnehmen und glücklich sind.

So sei auch du, liebes Kind, glücklich in deinem Leben. Ich berühre dein Herz mit meiner Hand, helfe dir, deine Tür zu öffnen, um in Kontakt zu kommen mit dem Kinderanteil in dir, den du verloren hast. Um dich in Kontakt zu bringen mit der kindlichen Unbeschwertheit, mit der kindlichen Freude und dem Drang, die Welt zu erkunden und zu umarmen.

Ich streiche dir über dein Gesicht, liebe Seele, fange deine Tränen auf, schaue dir in die Augen und sage dir: Alles ist gut, denn ich bin bei dir.

Wann immer du Hilfe brauchst auf dem Weg zurück in die kindliche Freude, komme hierher oder rufe mich.

Ich bin da!

Ich bin die Priesterin des Tempels der kindlichen Freude, und mein Name ist Isi."

Der Raum der allumfassenden Liebe

"Liebe Seele, die du diese Worte jetzt liest, leg einmal deine rechte Hand auf die Buchstaben, auf die Seite des Buches, schließe deine Augen und fühle. Atme ein, und atme aus, öffne dein Herz und fühle. Fühle die Schwingung der Worte, noch bevor du sie gelesen hast. Nimm dir bitte Zeit, alle Zeit, die es braucht, damit sich die Schwingung der Worte in deinem Herzen entfalten kann.

Ich bin die Hohepriesterin der allumfassenden Liebe, und mein Name ist Lejara. Ich bitte dich hier noch einmal, deine Augen zu schließen und die Buchstaben meines Namens, ihre Informationen und Schwingungen in dein Herz zu lassen.

Le (fühle es) – ja (fühle es) – ra (fühle es).

Liebes Kind, in diesem meinem Tempelraum geht es um das Fühlen. Es geht um die vollständige Öffnung des Herzens. Es geht um die vollständige Öffnung deiner Seele und deines Weges. So bitte ich dich, wenn du hier jetzt diese Worte liest, all die Pausen, die ich hier hineingebe, zu nutzen, um zu fühlen. So ist dieser Raum für dich, und so, wie ich ihn dir beschreibe, Übung. Jedes Wort ist Berührung, ist Übung für dich und dein Herz.

So bitte ich dich, wenn du diese Übung, die ich dir hier jetzt gebe, gelesen hast, nimm dir die Zeit, lege, wenn du magst, deine Hand wieder auf diese Buchstaben und komme so in Kontakt mit der Schwingung und mir. Bitte mich, erlaube mir, bei dir zu sein, dich zu berühren und zu unterstützen in allem, was du tun möchtest. So bitte ich dich, wenn du alles gelesen hast, wieder deine Augen zu schließen, in die innere Ruhe zu kommen und dieser Übung den Raum zu geben in dir, die sie braucht, um sich zu entfalten und zu wirken.

Gehe bitte mit deiner ganzen Aufmerksamkeit zu deinem Herzen, zu deinem spirituellen Herzen, das in der Mitte deiner Brust wohnt. Atme, atme tief ein und aus in dein spirituelles Herz. Atme in dem Bewusstsein, dich zu öffnen, und erlaube es dir. Wenn du es mir erlaubst, werde ich dich mit meiner Hand und meiner Energie dort berühren und unterstützen.

Fühle, fühle, atme und öffne dich. Erlaube der Liebe, in dir zu fließen, und erlaube meiner Liebe, dich darin zu unterstützen.

Wenn du es fühlen kannst, und sei es auch nur ein wenig, dann erlaube der Liebe, aus deinem Herzen heraus zu fließen, öffne deine Augen, und das Erste, was du erblickst in dem Raum, in dem du dich befindest, beschenkst du mit der Liebe aus deinem Herzen.

Wichtig ist, geliebtes Kind, dass du die Liebe dorthin fließen lässt, egal, was es auch ist.

Diese Übung dient deiner Öffnung, und sie führt dich in die bedingungslose Liebe. Sie lehrt dich, alles anzunehmen, alles wertzuschätzen und mit deiner Liebe zu berühren. Du wirst lernen, wenn du dich darauf einlässt, deine Liebe in den Stuhl fließen zu lassen, der sich in deinem Zuhause befindet, du wirst lernen, deine Liebe ins Dunkel hineinfließen zu lassen, du wirst lernen, dass alles, wirklich alles!, Liebe und Berührung verdient hat.

Es ist der Mensch, es ist die Menschlichkeit, es ist das, was über viele Jahrtausende hinweg gelernt und gelebt wurde. Es ist das Erbe der Menschheit, die urteilt und verurteilt und bewertet.

Doch wisse, die allumfassende Liebe wertet nicht, sie verschenkt sich. Sie ist! Die allumfassende Liebe, sie nährt dich, sie trägt dich, sie führt dich in die Heilung, und sie berührt dich ganz tief in deiner Seele.

Und so bitte ich dich, geliebte Seele, mache diese Übung jeden Tag. Du wirst genährt und geschützt, und vieles in deinem Leben wird sich neu gestalten, wenn du beginnst, dein Herz zu öffnen, um die Liebe strömen zu lassen.

Wisse, dass es im Außen immer wieder in deinem irdischen Sein Anfeindungen geben wird. Du auf Unverständnis stößt, doch wisse, es ist die Angst der anderen, es ist die Angst der anderen vor wirklicher Berührung im Herzen.

Die allumfassende Liebe verändert alles, wenn ihr Menschen und alle Lebewesen auf allen Planeten und in allen Welten diese lebt, diese sendet. Die allumfassende Liebe, wenn sie sich entfaltet, berührt den tiefsten Schmerz, berührt die Dunkelheit, den Schatten, der überall ist.

Fürchte dich nicht, geliebte Seele, die du diese Worte liest. Wenn du dich für den Weg der Liebe öffnest, dich unterrichten lässt von mir, dich berühren lässt von der allumfassenden Liebe, wird Heilung geschehen auf allen Ebenen deines Seins und durch Raum und Zeit.

Komm immer wieder zu mir, so, wie es damals meine Schüler taten. Ich bin und war die letzte Station, der letzte Raum im Tempel der Herzen. In allen Räumen werden Herzensenergie und Weisheit gelehrt, und alle Räume, alle Entwicklungen, sind Vorbereitung auf diesen Raum und diese Liebe.

So kann es sein, dass du gerade jetzt vielleicht noch nicht bereit bist für mich, meinen Raum und tiefe Berührung.

Sei milde mit dir, hadere nicht und verurteile dich nicht. Alles braucht seine Zeit.

Geliebtes Kind, alles bedarf der Entwicklung und des Verstehens. Wann immer du so weit bist, wann immer du bereit bist für diese Berührung, für diese Erfahrungen, wirst du zurückkehren zu mir und Schüler sein in meinem Tempelraum. Wisse, die allumfassende Liebe zu erfahren, in all ihren Möglichkeiten, in all ihren Qualitäten, führt dich zurück in die Quelle hinein, zum Ursprung, aus dem wir alle hervorgegangen sind.

Diese Liebe, dieses Licht ist rein göttlich. In ihr ist die Offenbarung zu Hause, in ihr schwingen die höchsten Gesänge der Elohim, in ihr und durch sie empfängst du.

In Liebe, Lejara."

Der Raum der Transformation

Liebe Seele, die du diese Zeilen liest, der Raum der Transformation wurde zu einem späteren Zeitpunkt geschaffen. Er wird dir begegnen, wenn die Zeit dafür in diesem Buch gekommen ist.

Selina: Die Tage auf Atlantis, der Insel des Herzens

Geliebte Seelen, die ihr diese Zeilen lest, ich bin so dankbar, dass ihr hier seid und ich euch meine Geschichte weitererzählen kann.

Als die Tempelräume errichtet waren und eine jede meiner Schwestern ihre Aufgabe begonnen hatte, kehrte so etwas wie Alltag ein, wobei ich hier erwähnen möchte, dass es mit eurem Alltag, also mit Routine und immerwährenden Reihenfolgen, nichts zu tun hatte. Vielmehr kehrte so etwas wie Ruhe ein, eine friedliche Energie, die in Harmonie alles miteinander verband. So war unsere Arbeit, so unterschiedlich sie auch erscheinen mag, in Harmonie miteinander verwoben.

Oft ging ich durch unseren Garten, der sich wie von selbst gebildet hatte und der alles miteinander verband. Hier meditierte ich, indem ich jeden Schritt bewusst ging, meine Sinne öffnete und alles wahrnahm. Ich versank im Detail dessen, dem ich begegnete. Ich spürte die Sonne in all ihren Facetten. Ich spürte den Wind ebenso und alles, was mich umgab.

Liebes Kind, das du diese Zeilen liest, hast du deine Umgebung schon einmal so studiert? Nein? Dann bitte ich dich, es einmal zu tun. Nimm dir Zeit und suche dir einen Ort der Ruhe, um so, wie ich es tat, in Kontakt zu kommen mit diesem Ort. Ich möchte dich bitten, einen realen Ort zu wählen, also keinen Ort, den du von deinem Inneren aus bereist.

Es kann dein Garten sein oder ein Park, ein Wald, ein Gewässer, das, was jetzt für dich und deine Übung stimmig ist.

Wenn du an diesem Ort bist, dann nimm dir die Zeit, um dort anzukommen. Beruhige deinen Geist, indem du die Gedanken freilässt, sie den Wolken übergibst und ihnen nachblickst, wie sie davonschweben. Alles Wichtige kannst du bitten zu warten, oder schreibe es auf. So hat dein Kopf – deine Gedanken – immer weniger Berechtigung, sich einzumischen.

Ich weiß, liebes Kind, dass dieses ein Thema ist in deiner Zeit. Bei uns war es leichter, da wir solche Gedankenfluten nicht kannten. Wir beschränkten uns in allem, was wir taten, auf das Wesentliche und waren in allem im Hier und Jetzt.

Ihr, liebe Kinder, dürft es erst wieder lernen, doch wisset, wir, die Priesterinnen des Tempels des Herzens, sind bei euch, um euch zu führen.

Wenn du magst, dann lass es mich wissen, und ich bin da. Spüre mich in deinem Rücken, und wenn du bereit bist und mir vertraust, dann spüre, wie meine Energie mit deiner Energie verschmilzt und du so die Dinge durch unser beider Augen wahrnehmen kannst.

Auf diese Art und Weise kann ich deine Widerstände erspüren, deine Angst mit Liebe berühren, dich aufmerksam machen und dir helfen, deine Themen zu heilen.

Je mehr du dich auf mich und diese Übung einlässt, desto weiter wirst du in deinem ganzen Sein werden.

Fühle mich, geliebtes Kind, das du mir vertraust. Öffne deine physischen Augen, deine Sinne, und betrachte das, was dir als Erstes in deinen Blick kommt. Atme, liebes Kind, atme ein, und atme aus. Lass los, was sich jetzt in dir als Widerstand zeigt, ich helfe dir dabei. Atme ein, und atme aus, lass los und werde immer mehr eins mit dem, was du siehst. Nimm es wahr, ohne zu werten – seine Farbe, seine Form, seine Schwingung, seine Energie, seinen Geruch. Berühre es mit deiner Hand, mit deinen Sinnen, und schenke ihm deine ganze Aufmerksamkeit. Bleib dabei und versinke, dann wird das, was du betrachtest, sich öffnen und sich dir offenbaren.

Wenn dies geschieht, kannst du alles fühlen, sehen, und in der Verbindung mit mir kannst du alles lesen und erfahren, was das, was du betrachtest, dir mitteilen möchte.

Vielleicht erzählt es dir seine Geschichte, vielleicht erzählt es dir, was für dich wichtig ist. Lass es geschehen, lass es sich entfalten. Denke auch daran, dass du das Nein deines Gegenübers, sei es nun ein Gegenstand oder lebendig, akzeptieren musst.

Ja, ich spreche dieses Wort *musst* aus, weil es hier im Göttlichen so ist. Wir alle akzeptieren das Nein des anderen auf allen Ebenen. Das ist der freie Wille eines jeden, so auch der freie Wille des Schrankes, der einmal ein Baum war.

Ich hoffe, ich bin nicht zu kompliziert? Also, was ich dir damit sagen möchte, ist: Jeder Gegenstand war auch einmal lebendig. Jedes Material hat einen lebendigen Ursprung und ist somit, genau wie du, mit allem verbunden. Spüre bitte einmal in dich hinein, wenn du dieses liest, und das Erste, was dir jetzt kommt, ist das, was du darüber denkst. Ist ein Glaubenssatz aus dem Leben, der in dir aktiv ist.

Kannst du das Gelesene annehmen, es als deine Wahrheit in dein Herz lassen, hast du alle Widerstände geheilt. Ist es nicht so, dann darfst du dort noch einmal hinschauen, um zu erkennen und zu wandeln.

Wenn du magst, komm mit deiner Erkenntnis in unseren Tempel. Wir freuen uns, dir zu helfen.

So löse ich mich jetzt wieder aus deinem Energiefeld, und du kannst mich wieder in deinem Rücken spüren. Ich ziehe mich ein wenig zurück, und du kannst dich spüren. Nimm dich wahr, dich und deine Energie. Nimm den Ort wahr, an dem du bist.

Atme ein, und atme aus. Du bist.

In meiner Zeit habe ich oft Stunden so verbracht. Ich bin immer wieder eins geworden mit der Natur, Mutter Erde und den Naturwesen. Für mich war es wichtig, so intensiv mit diesen Dingen zu arbeiten, sie zu erforschen, damit ich immer mehr eins werden konnte mit der Erde. So verschmolz ich Stück für Stück, und meine Liebe zu diesem Fleckchen Erde wuchs und wuchs. Es war schön zu sehen, wie mir die Erde antwortete – mit der Liebe, mit Vertrauen und ihrer ganzen Schönheit.

Als ich alle Pflanzen, die Erde und ihre Bewohner so erforscht hatte, mit ihnen verschmolzen war, widmete ich mich mit der gleichen Übung den spirituellen Wesen dieses Ortes.

Die Delfine

Als die Delfine mich riefen, war es eine andere Energie als jene, als sie mich über das Meer begleiteten, hierher.

Ich spürte zwar ihre Freude, doch war es für mich eher Ehrfurcht, die mich auf dem Weg begleitete. Nach so vielen Jahren des Entstehens der Tempelanlage hatte ich eine Ahnung von ihrer Bedeutung, und wir waren immer in Kontakt. Doch heute, da sie mich riefen, wurde das Ganze noch einmal auf eine andere Stufe gestellt. Es ging um Weisheit, es ging darum, Einblicke zu erlangen in Dinge, um die ich noch nicht wusste, und es ging um Einweihung in die Mysterienschule hier auf Erden.

Mit jedem Schritt auf sie zu übermittelten sie mir Schwingungen, kurze Bilder blitzten vor meinem Dritten Auge auf, und ich fühlte, wie sich Energiebahnen in mir öffneten, von denen ich bis dahin nichts gewusst hatte.

Meine gesamte Wirbelsäule schien sich neu zu ordnen und wurde von Lichtenergie durchflutet. Als ich am Meer ankam, war es für mich ganz selbstverständlich, mich rituell zu reinigen. Hierzu verband ich mich bewusst mit Mutter Erde, fühlte meine Wurzeln in der Erde und erlaubte ihrer Energie, mich zu durchfluten. Dann öffnete ich mich in die göttliche Ebene und spürte auch hier die verbindende göttliche Energie, die mich durchströmte.

Ich rief das Element Luft, welches meine äußere Hülle von Staub befreite, und dann begab ich mich ins Wasser, wo es in Gemeinschaft mit dem ihm innewohnenden Salz meinen Körper reinigte. Ich spürte, wie ich schwebend auf dem Wasser lag und alte, verbrauchte Energien von mir nach unten gezogen wurden. Ich lag schwebend auf dem Wasser, fühlte, wie ich leichter wurde, und gleichzeitig tiefer in Mutter Erde sank.

Als alles getan war, nahmen mich die Delfine in ihre Mitte, hielten meinen Körper in die wärmende Sonne und trugen mich zu ihrem heiligen Ort. In dieser Position konnte ich nicht sehen, wohin sie mit mir schwammen, doch ich fühlte, wie das Vertrauen in mir wuchs. So nahm ich Kontakt auf mit ihren Energien, die so vielfältig waren. Ich konzentrierte mich auf ihre Mitte und suchte nach der Essenz ihrer Qualität. Als ich sie fand, blieb mir fast das Herz stehen, so berührt war ich. Tränen liefen über mein Gesicht, Tränen der Rührung. Kurz kam das Gefühl auf, dass ich dies vielleicht nicht hätte tun dürfen, doch als wir an den heiligen Platz kamen und die Delfine mich „frei"gaben, hörte ich den weisesten unter ihnen sagen: Es ist gut. Lass es geschehen, liebes Kind, dass du die Priesterin des Tempels der Herzen bist. Lass dich berühren von unserer Schwingung, denn nur wenn du offenen Herzens und offen bist in deinem Energiefeld, können wir auf einer tiefen Ebene mit dir sprechen.

Ich atme ein, und ich atme aus. Ja, es darf geschehen. Ich atme ein, und ich atme aus. Ich öffnete mich vollständig.

Die Delfine bauten um mich herum einen Einweihungsraum mit ihrer Energie, hüllten mich ein, und doch hatte ich Raum, um mich auszudehnen.

Die Energie dieses Raumes war so klar, so reine, kristalline Energie, wie ich sie aus Lemuria kannte. Die Farbschwingung des Meeres mischte sich mit hinein, ohne die kristalline Beschaffenheit zu verändern.

So stand ich in der Mitte dieses energetischen Raumes und öffnete mich immer weiter. Es war ein schönes Gefühl, sich hier auf der Erde wieder so zu öffnen, auszudehnen, meinen Lichtkörper nach außen zu führen und den physischen in seine Mitte. Lange schon hatte ich dieses Gefühl nicht mehr gehabt, da ich doch damit beschäftigt war, in einen menschlichen Körper hineinzuwachsen. Doch so, wie ich es euch hier beschreibe, wurde mir wieder bewusst, dass ich mir, trotz der großen Ausdehnung und der hohen Energien, meines irdischen Gefäßes bewusst war. Ich spürte ihn sogar immer präsenter, je mehr ich es in meinen Lichtkörper einhüllte. Je mehr ich mich öffnete, desto stärker schien der Körper zu werden, ein neues und schönes Gefühl, mir beider Körper vollkommen bewusst zu sein. Eins zu sein. Beides gehörte zu mir, so, wie beides auch zu dir gehört, du liebe Seele, die du diese Zeilen liest.

Da das, was ich an diesem heiligen Platz erlebte, auch das ist, was die Zukunft für dich bereit hält, was in deinem Werden eine ganz besondere Rolle spielt, möchte ich dir hier ein Bild schenken. Ein Bild der Selbstbetrachtung, wenn du so magst.

Ich kehre noch einmal mit meinem Bewusstsein an den Ort zurück und in die Zeit, doch ich schaue aus einer übergeordneten Stelle darauf. Ich sehe das, was ich damals erlebt habe, und es ist wunderschön. Ich erkenne die tiefe Verwurzelung in der Erde, als wäre sie gerade in diesem Moment gläsern, ich sehe die Verbindung in die göttlichen Reiche, doch vor allem sehe ich einen menschlichen Körper, so vollkommen eingehüllt in meinen Lichtkörper. Ich sehe ein weit offenes Herzchakra, welches nicht nur den Lichtkörper, sondern auch den physischen Körper in Liebe hüllt. Alles ist in Licht gehüllt, grenzenlos. Doch ist es nicht nur der Lichtkörper, der leuchtet, nein, auch der irdische Körper strahlt. Er ist die Stabilität, die irdische Kraft, der Motor, genährt vom Licht und beschützt.

Warum gebe ich dir dieses Bild? Liebes Kind, weil es so unendlich wichtig ist für dich. Es soll dir helfen, deine Ängste vor den Energien des Lichts abzulegen, es soll dir zeigen, dass du dich nicht verlieren wirst, dein Menschsein nicht verlieren wirst. Denn wisse, geliebtes Kind, das du hier jetzt diese Zeilen liest: Du bist wichtig. Dein Weg ist wichtig, und es ist wichtig, dass du das Paradies, das wir das Goldene Atlantis nannten, wieder auf der Erde manifestierst.

Euer Goldenes Zeitalter soll auf Erden entstehen, die Früchte dort geerntet werden, und das Licht aus beiden Welten soll euch nähren. Darum seid ihr hier, darum bist du hier, um mitzuwirken an dieser Neuen Zeit, um dich zu erinnern, wer du wirklich bist.

Ich, Selina, bin bei dir alle Zeit, wenn du es so magst. Ich werde dich führen und unterrichten, dich einweihen in die heiligen Riten meines Tempels.

Damals wurde ich eingeweiht von den Delfinen. Als ich mich vollständig geöffnet hatte, kam der weiseste aller Delfine zu mir. Er nahm energetisch Kontakt mit mir auf und ließ die Energie der Delfine in meine spirituelle DNA fließen. Lichtkristalle aus Atlantis, aus dieser Zeit, wurden installiert und aktiviert. In ihnen war alle Weisheit enthalten, alles Wissen, das jetzt für mich wichtig war.

Ich spürte in meinem irdischen Körper, wie die Energie aktiviert wurde, wie sie zu fließen begann, in Kommunikation trat mit meinem Energiesystem und dann ihren Platz fand in meinem Lichtkörper. Alles wurde miteinander verwoben, wurde eins.

Ich stand eine ganze Weile so da, und die Energien flossen. Eine neue Ordnung stellte sich ein, die ich in meinem Herzen bejahte und annahm. So atmete ich wieder ein und aus. Spürte hinein in mein erweitertes Sein. Atmete ein und atmete aus.

So sei es!

Die Delfine öffneten den Raum der Einweihung, und die Energien zogen sich zurück. Ich zog meinen Lichtkörper ein wenig ein, sodass der irdische Köper wieder präsenter, sichtbarer werden konnte.

Wir setzten uns alle gemeinsam im Kreis und spürten dem, was gerade geschehen durfte, nach. Ich kam immer mehr bei mir selbst an, bei meiner Verkörperung als Priesterin, bei dem Menschen Selina. Ich war vollkommen zentriert, und doch war mein Bewusstsein bereit zu reisen.

Dies war der zweite Schritt an diesem Tag. Die Delfine schickten mich auf eine Bewusstseinsreise. So sprach der Weiseste unter ihnen zu mir:

„Liebes Kind, es wird Zeit, dass du die Geschichte der Erde und ihre Evolution aus unserer Sicht, aus Sicht der Erde, erfährst. Es ist wichtig für dich und euer weiteres Handeln, zu erfahren. Dazu werde ich mich mit deinem Bewusstsein verbinden und dich mitnehmen zum Geburtspunkt der Erde. Wir werden im Zeitraffer die Entstehung allen Lebens sehen, und es wird ein anderes Verständnis geben für das, was kommt."

So schloss ich meine Augen, sank noch tiefer in die Erde hinein, und als ich bereit war, spürte ich, wie der Delfin zu mir kam. Er verband sich mit mir, und in meiner Wahrnehmung waren seine Augen meine Augen, waren seine Erlebnisse meine Erlebnisse, war ich Teil des Werdens der Erde mit Allem-was-ist, so, wie er es war und ist.

Der Delfin, von dem ich hier spreche, es gibt ihn immer noch. Er ist reines Bewusstsein, er ist das Gedächtnis, welches dir helfen kann, zu verstehen. Wann immer du, liebes Kind, das du diese Zeilen liest, von deiner Entwicklung und Bereitschaft her so weit bist, die Dinge zu erfahren, zu sehen und zu verstehen, geh in die Zentrierung, öffne dich vollständig, verankere dich vor allen Dingen tief in Mutter Erde, und dann bitte – hinein in die Welt der Delfine zu meiner Zeit – um Hilfe, bitte hinein, sie mögen prüfen, ob du bereit bist, dem Bewusstsein, dem Weisesten aller, zu begegnen. Wenn es so ist, dann wirst du Transformation und Einweihung erfahren. Dann darfst auch du tief eintauchen in die Geburtsstunde der Erde und ihre Evolution.

So, wie es für mich damals wichtig war für die Zukunft, von all dem zu erfahren, so ist es für dich wichtig, um die Vergangenheit zu verstehen und zu heilen. Auch wenn es die Zeit im rein Geistigen nicht gibt, da alles miteinander verwoben ist und parallel zueinander verläuft, seid ihr auf der Erde noch an diese Illusion gebunden und dürft auch noch eine ganze Weile darin leben. Urteile nicht, und verurteile nicht, sondern nimm an, geliebtes Kind, was ist.

Die Dinge brauchen Zeit, um sich zu entfalten. Es würde euer irdisches System zerreißen, wenn ihr auf einmal mit all dem konfrontiert würdet. Euer System würde abschalten. So lasst euch bitte diese irdische Zeit der Reife, des Wachsens und Werdens.

Ich befand mich auf dieser Reise und konnte sehen und fühlen, wie die Erde entstand. Ich konnte die große, allumfassende Liebe, mit der diese Erde geformt wurde, fühlen. Unfassbar, und so finde ich kaum Worte für das, was ich sehen und fühlen durfte. Es war mit so viel Liebe getragen, mit so viel Achtsamkeit, dass Tränen aus meinen Augen flossen, als ich dies wahrnehmen durfte. Es war noch eine viel größere Liebe, die ich fühlen durfte, als die, die ich kannte, und die, die in mir war.

Ich hatte meinen Tempel des Herzens mit Liebe gestaltet, doch das, was ich jetzt erfahren durfte, war ein Vielfaches mehr.

So kam ich in Kontakt mit der Schöpfung und dem Schöpfer allen Seins. Ich öffnete mein Herz, und es schien, als würde es sich fast auflösen, verflüssigen, weil ich so sehr in Resonanz ging mit dieser Liebe, dieser Schöpferkraft. In dem, was ich erfahren durfte, fühlte ich mich wie ein Sandkorn, ein kleinster Teil von etwas Großem, und als mir dies bewusst wurde, öffnete sich ein neues Bewusstseinsfenster, und ich durfte die Zusammenhänge erkennen, die vielen kleinen Mechanismen, Rädchen, so würdet ihr das vielleicht in euren Bildern bezeichnen.

Alles greift ineinander. Alles begreift sich miteinander. Nichts, wirklich nichts, ist voneinander getrennt. So war diese Bewusstseinsreise eine Reise durch die Zeiten, durch die Welten, die zu Beginn der Entstehung die Erde hielten, welche die Erde mit ihren Energien versorgten, Wachstumsimpulse gaben, aus dem Leben entstehen konnte.

So durfte ich durch die Augen des Delfins sehen, wie menschliches Leben auf die Erde kam, und ich durfte erfahren, dass es außer uns noch andere Kulturen und Lebensformen auf diesem Planeten gab.

Zu Anfang war ich überrascht, dachte ich doch, wir sind die Einzigen. Doch je tiefer ich einstieg in diese Reise, desto mehr verstand ich. Ich durfte die menschliche Evolution, die Veränderungen, das Wachstum wahrnehmen, und ich durfte sehen, wie Kulturen entstanden.

Ich durfte erkennen, was der Unterschied ist, und mir wurde noch einmal umso mehr bewusst, warum wir, die Priester von Atlantis, hier waren.

Die Menschen, die auf der Erde lebten, waren nicht im reinen Licht. Sie wurden genährt von der Erde und erhielten durch alles, was auf der Erde war, und die Art und Weise, wie es geschah und wie alles miteinander verknüpft war, alles aufeinander reagierte, ihre Prägung.

Sie lebten nach bestimmten Mustern, die ein Stück weit bereits Dualität waren. Nicht alles schwang in der reinen Liebe, und ich durfte erkennen, dass es noch etwas anderes gab. Mein Herz zog sich zusammen, als ich sah, wie die Menschen miteinander waren, wie die Menschen umgingen mit anderen Lebewesen, den Tieren, manche auch mit den Pflanzen.

Heute weiß ich, dass dies der Anfang war und die Menschheit sich über die Jahrhunderte und Jahrtausende immer mehr vom Licht entfernt hat, ohne es zu merken.

Am Ende der Bewusstseinsreise, als die Trauer in mir groß war und mein Herz schwer, da holte der weise Delfin mich zurück. Er brachte mich zurück in die damalige Gegenwart auf das Land Atlantis. Er ließ mir Zeit, wieder anzukommen, mich auf der Erde zu fühlen und in der Liebe der Gemeinschaft der Delfine.

Als ich meine physischen Augen wieder öffnete, sah ich direkt in seine. Auch seine Augen waren mit Tränen gefüllt, und sein Herz weinte, ja, es schien fast, als würde es bluten, als würde dieses Herz des weisen Delfins, das Bewusstsein, all das Leid und den Schmerz über die Jahrhunderte und Jahrtausende in sich aufgenommen haben.

So sprach der weise Delfin zu mir:

„Geliebtes Kind, Hohepriesterin von Atlantis, mein Herz ist so schwer wie das deine, doch es war unendlich wichtig, dir all dies zu zeigen und, vor allen Dingen, es dich fühlen zu lassen. Es ist wichtig, damit du verstehst, die Dinge besser einordnen und dich vorbereiten kannst. Vorbereiten auf Aufgaben, die du noch nicht kennst, die aber zu gegebener Zeit zu dir fließen werden.

Du erzählst deine Geschichte zu einer Zeit, da die Menschen wieder bereit sind. Da es ihnen möglich ist, auf Bewusstseinsreise zu gehen, die Dinge zu verstehen und anzunehmen. Du erzählst deine Geschichte zu einer Zeit, da die Menschen den Wandel in sich tragen und bereit sind, Veränderung und Licht auf die Erde zu bringen. Und so ist es wichtig, geliebtes Kind, dass du deine Geschichte erzählst, damit die Menschen sie lesen können.

Deine Geschichte gibt ihnen Hoffnung, sie gibt ihnen Kraft für ihren Weg. Sie schenkt ihnen Glauben, da du ihre Herzen durch deine Worte berührst. Und so ist es in der Zeit, in der die Geschichte die Menschen erreicht, deine und auch meine Aufgabe, ihnen zu helfen. Ihnen zu helfen, ihr Licht in sich selbst zu entdecken, sich zu öffnen, die Dinge zu verstehen und einzuordnen, um sie dann in ihr irdisches Leben zu integrieren und den Menschen zu bringen.

So möchte ich jetzt zu dir, liebe Seele, die du diese Zeilen liest, sprechen:

Ich möchte dich bitten, dass du einmal deine Augen schließt, dein Herz öffnest und mir erlaubst, mit dir in Verbindung zu treten, dich zu berühren mit meiner Energie und mit meiner Liebe.

Spüre, wie ich dich mit meinem kristallinen blauen Licht umhülle, und wenn es für dich stimmig ist, dann erlaube meiner Energie jetzt, dich bis auf die tiefste Zellebene auszufüllen und zu berühren.

Fürchte dich nicht, die Energie wird in einer Frequenz zu dir fließen, die dein System gut verkraften kann. Dann spüre, wie die Energie dich anhebt, wie die Schwingung dein gesamtes System vorbereitet auf die nächsten Schritte, auf die nächste Stufe deiner Bewusstwerdung. Lass es geschehen, geliebtes Kind, das du auf Erden wandelst. Wisse, Selina und ich, wir sind bei dir."

Selina spricht:

Ich lege meine Hände auf mein Herzchakra und verbeuge mich vor dir, du Menschenkind, und vor der alten weisen Seele des Delfins. Ich verbeuge mich vor allem, was hier jetzt durch diese Worte und Energien geschehen durfte, und ich freue mich auf alles, was sich jetzt entfaltet.

Damals auf Atlantis trocknete der Delfin meine Tränen, er berührte mein Herz, sodass ich die Trauer herausfließen lassen konnte. Er ließ mich wissen, so, wie ich dir jetzt dieses Wissen mitgebe, dass wir nichts erreichen können, nichts verändern können, wenn wir dieses Leid und diese Trauer tragen, sie festhalten. Es ist wichtig, einordnen zu können, und es ist wichtig, es aus dem eigenen Energiefeld wieder herausfließen zu lassen. All das Fühlen, all das Erkennen dient der Heilung, der Wandlung.

Bei dieser Bewusstseinsreise auf allen Ebenen hat mir Selina geholfen. Ich konnte die Dinge, die im Laufe meines Lebens auf Atlantis entstanden sind, besser verstehen, besser einordnen, und ich konnte auf eine andere Art und Weise damit umgehen.

Durch die Liebe des Schöpfungsaktes der Erde und ihrer Lebewesen konnte ich mein Herz und den Tempel der Herzen mit allem, was in ihm und um ihn ist, mit all seinen Aufgaben und Informationen, noch einmal neu aufstellen.

So verabschiedete ich mich von dem weisen Delfin, dem Bewusstsein. Ich wusste, dass ich oft zu ihm kommen würde, um die Dinge mit ihm zu besprechen und neue Erfahrungen zu machen. Für diesen Tag war es genug, selbst für mich, und so ließ ich mich zurückbringen von den Delfinen, die mich an diesen Ort gebracht hatten.

Das letzte Stück zu dem Teil von Atlantis, auf dem ich lebte, ging ich durch das Wasser an den Strand. Ganz bewusst, Schritt für Schritt, und so verband ich mich wieder mit diesem Teil der Erde. Ich dehnte mich aus mit meinem Lichtkörper, mit meinem Bewusstsein, und ich bat die Schöpfungsenergie, mein Herz zu unterstützen. Ich breitete meine Arme weit aus und ließ aus all meinem Sein die Energie der allumfassenden Liebe fließen.

So atmete dieses Stückchen Land ein und aus. Es atmete die Schwingung der Liebe ein und aus. Und in diesem Moment, in dem all dies geschah, öffneten sich die Bäume, öffneten sich alle Herzchakren in Allem-was-ist. Und alles atmete Liebe ein und aus.

Von der Veränderung der Energie, von dieser Schwingung angezogen, kamen alle Priesterinnen, alle Schüler, alle Tiere und Naturwesen. Alles kam zu diesem Strand, auf dem ich stand, und so traten meine Priesterinnen im Halbkreis vor mich, und es bedurfte keiner Worte, sie legten intuitiv ihre Hände auf ihr Herzchakra, falteten dann ihre Hände, berührten ihr Drittes Auge und verbeugten sich.

Wie von selbst öffnete eine jede die Arme, verband sich mit der Erde, und wie von selbst wurde die Wirbelsäule aus- und aufgerichtet, und sie wuchsen symbolisch in den Himmel hinein. Dann öffnete sich die Schöpfungsenergie und floss in jede Einzelne der Priesterinnen und erhöhte sie in ihrem ganzen Sein.

Sie erfuhren Einweihung, sie erfuhren Wachstum, sie erfuhren Bewusstwerdung auf eine neue Art und Weise.

Als der Himmel sich wieder schloss und die Einweihungsenergien sich zurückzogen, blieben wir noch eine Weile so stehen. Wir fühlten die Erde unter unseren Füßen, das Rauschen des Meeres, den Wind auf unserer Haut.

Die Sonne ging unter, und der Mond stieg auf. So gingen wir zurück in unseren Tempel. Ich öffnete die Tür zum Innersten, und die Priesterinnen und ich gingen hinein. Wir schlossen die Tür hinter uns und betraten das Allerheiligste. Wir setzten uns unter die Kuppel, welche vom Vollmond erleuchtet wurde. Er tauchte alles in seine Energie und sein Licht.

Wir saßen lange schweigend so im Kreis beieinander. Eine jede fühlte sich, war bei sich, ja, ihr würdet vielleicht sagen: ergriffen. So saß auch ich in ihrem Kreis, und ich kann das Gefühl, das in mir war, und den Zustand, den ich hatte, nicht in Worte fassen.

So bitte ich dich, liebe Seele, um Verzeihung. Doch vielleicht, wenn du deine Augen schließt und in deine Zentrierung gehst und es mir erlaubst, dich zu berühren, kann ein Stück von meiner Energie und meinen Gefühlen zu dir fließen. So bekommst du vielleicht eine Ahnung von dem, was ich mit Worten nicht beschreiben kann.

Ich kann dir nicht sagen, wie lange wir so gesessen haben, denn Zeit und Raum waren nicht wichtig. Doch irgendwann hatte ich den Impuls, dass wir uns an den Händen halten sollten, und es geschah wie von selbst, denn wir waren in diesem Zustand, in dem wir uns befanden, über Schwingung und Gefühl miteinander verbunden.

So hielten wir einander an den Händen, und wir hielten uns auf eine besondere Art und Weise. Wir hatten unsere Handflächen nach oben gedreht. Wir alle waren in der empfangenden und gebenden Haltung. Und so verflochten wir unsere Finger nicht ineinander, sondern legten unsere Hände wie zur Schale auf die des anderen.

Wie von selbst öffneten sich unsere Herzchakren, und der Kristall in der Energie der Liebe, der in jeder von uns wohnte, begann zu leuchten. Dieser Kristall, er wuchs mit jedem Atemzug, wurde sichtbarer. Er wurde immer größer, verließ das Herzchakra einer jeden, um sich in unserer Mitte mit allen zu verbinden, eins zu werden.

Der Kristall der Gemeinschaft, er wuchs und wuchs, und seine Farbe war rubinrot.

Irgendwann blieb er stehen, vollkommen mittig, und er öffnete sich nach unten, um den Herzkristall von Atlantis, der dort im Verborgenen war, zu nähren und zu aktivieren, sodass auch dieser in der Erde sein Wachstum begann.

So lösten wir unsere Hände voneinander, doch eine jede hielt ihre Hände immer noch wie zu einer Schale. Wir standen auf und vergrößerten den Kreis, und die Energie, die wir freisetzten, war groß und rein, allumfassend.

Dann folgten wir dem Impuls, uns in diese Energie hineinzustellen. Eine jede von uns ging wieder in die Zentrierung, war wieder ganz bei sich, trat hinein in dieses Kraftfeld der Liebe. Und jede wurde durchflutet mit dem kristallinen Licht, der kristallinen Energie des rubinroten Kristalls.

In jedem einzelnen Funken dieser Energie war Bewusstsein enthalten, in jedem einzelnen Funken war Programmierung enthalten, in jedem einzelnen Funken, der sich zu winzig kleinen Lichtkristallen formte, um sich in die spirituelle Wirbelsäule, in die DNA, hineinzuweben. Alles Erbe von Atlantis wurde hineingegeben, für die Zukunft.

All dies, geliebte Seele, die du diese Zeilen liest, ist auch in dir. Es wurde von Generation zu Generation vererbt. Alle diese Lichtkristalle, alle diese Informationen wurden weitergegeben an die Kinder dieses Teils von Atlantis.

Auch wenn ich hier meine Geschichte erzähle, war es doch so, dass all die anderen Priester, die ihre Tempel errichtet hatten, auf die eine oder andere Weise das Gleiche erfuhren, wie es mir zuteilwurde. Auch sie unternahmen Bewusstseinsreisen, erfuhren Einweihung und gaben diese weiter an ihre Priesterschaft. Auch sie wurden angehoben und erhoben in ihrem Bewusstsein und in ihren Energien, und auch ihnen wurden Lichtkristalle in ihre spirituelle DNA und Wirbelsäule hineingegeben.

Auch sie haben all dies vererbt, auf dass sich in deiner Zeit, in der du, liebe Seele, die du diese Zeilen liest, jetzt bist, in allen Lichtarbeitern die Kristalle wieder aktiviert werden.

Und so blieben wir in der damaligen Zeit noch lange im Innersten. Die Energien zogen sich zurück, der Kristall bündelte seine Energie und sein Bewusstsein und kehrte zu einer jeden von uns ins Herzchakra zurück.

Eine jede von uns behielt einen kleinen Splitter, du kannst es auch Samenkorn nennen. Dieses Samenkorn werden wir einer Lichtarbeiterin oder einem Lichtarbeiter ins Herzchakra legen, der oder die bereit ist, sich mit uns zu verbinden und den Auftrag anzunehmen, mitzuwirken an der Umkehrung, an der Entstehung des Goldenen Zeitalters auf Erden.

So wende ich, Selina, mich jetzt dir zu und bitte dich, hineinzuspüren in dein Herz, ob du bereit bist, diese Aufgabe anzunehmen. Ob du bereit bist, dein Licht zu zeigen und in die Welt zu tragen. Spüre hinein in dein Herz, ob du bereit bist, die Welt mit zu verändern.

Wenn es so ist, dann schau mir in die Augen. Schau ganz tief hinein in meine Seele, und auch ich werde in die deine schauen.

Spüre wie wir uns erkennen und verbinden.

Wenn dies geschieht, ist der Teil deiner Seele, der zu mir gehört, zu Atlantis gehört, erwacht.

In dem Moment, in dem die Seele erkennt, wer sie ist und wer sie war und immer sein wird, wird sich dein Herzchakra öffnen und der Splitter, das Samenkorn, wird seinen Weg zu dir finden, um zu wachsen.

Wenn dies geschieht, geliebtes Kind, sind wir wieder miteinander verbunden, so, wie es einst war.

So fühle jetzt meinen Segen, spüre, wie ich meine Hand über deinen Kopf halte und meine Energie fließt. Spüre, wie mein Herz sich öffnet, um dich willkommen zu heißen. Spüre, wie ich deine Hände jetzt in die meinen nehme, um dich zu erhöhen.

Und so fühle, wie ich mich jetzt zurückziehe, damit du dich wahrnehmen kannst, so, wie du jetzt bist, damit du dich fühlen kannst in deinem Sein.

Ich verbeuge mich vor dir, du liebe Seele, die du diesen Weg jetzt gemeinsam mit mir gehst. Wisse, du bist niemals allein. Halt immer wieder an, geh in die Stille und kehre mit deinem Bewusstsein zurück in diesen Tempel.

Hier findest du Kraft, hier erhältst du alle Antworten, die du brauchst. Hier bist du zu Hause. Und so bitte ich dich, liebe Seele, die du diese Zeilen liest, schließe das Buch an dieser Stelle für heute und lass alles in dir wirken, was hier jetzt geschehen ist.

Ich danke dir von Herzen.
Selina.

Der Weg

Ich kann dir nicht sagen, wie viel Zeit im Irdischen vergangen war, als die Nachricht, der Ruf, mich erreichte, doch wenn ich so zurückblicke, dann waren es wohl sehr, sehr viele Jahre. Jahre des Aufbaus, Jahre des Wachsens, Jahre des Erkennens und des Miteinanders.

Jetzt war es an der Zeit, alle unsere Erfahrungen zu teilen, und so erreichte jeden der Priester und jede der Priesterinnen, die damals mit mir hier heruntergekommen waren auf Atlantis, der Ruf der Zusammenkunft.

Es war noch sehr früh am Tag, die Vögel begannen gerade erst, ihr Lied zu singen, und die Sonne ihre Strahlen auf die Erde zu senden, als ich meine Sachen nahm, um mich auf den Weg zu machen. Am Abend zuvor hatten wir alles miteinander besprochen, alle Aufgaben waren verteilt, sodass ich mich ganz leicht und mit Freude auf den Weg machen konnte.

Ich trat aus dem Tempel heraus, atmete ein und atmete aus, und begrüßte den Tag. Ich spürte meine Zentrierung und ließ meinen Blick noch einmal schweifen. Es war ein liebevolles Aufsaugen meiner Umgebung, und als ich begann, aus der Tempelanlage herauszugehen in Richtung Meer, war es ein liebevolles Hallo zu allem, was meinen Weg und meinen Blick kreuzte. Mit jedem Schritt und mit jedem Atemzug floss Liebe aus meinem Herzen, und eine unglaubliche Leichtigkeit umgab mich. Es war fast so, als würde mein ganzes Energiefeld in Leichtigkeit gehüllt, als würde die Sonne mit ihren morgendlichen Strahlen mich anheben, und so fühlte ich mich, als würde ich schweben, als würden meine Füße den Boden kaum berühren.

Es war ein wunderschönes Gefühl, und wenn du magst, liebe Seele, die du diese Zeilen liest, dann halte ich jetzt hier an dieser Stelle kurz an, damit du ein- und ausatmen kannst, damit du anhalten kannst, dich öffnen kannst, dein Energiefeld, dein Herz – um zu empfangen.

Stell dir vor, wie auch du den Morgen begrüßt, erlebst. Stell dir vor, wie du hellwach bist, um dabei zu sein, wenn der Tag erwacht und alles Leben. Dann atme diese Energie ein. Lass sie in dein System hineinströmen und spüre, wie du dich öffnest, immer mehr und mehr. Spüre, wie auch dein Herz sich öffnet und die Liebe aus deinem Herzen sich mit meiner Liebe verbindet.

Dann spüre, wie wir ein Stück weit eins werden können, und wie ich dich jetzt mit meinen Händen, meiner Liebe und meiner Energie ein Stück weit schweben lasse.

Vielleicht magst du das Bild in deinem Inneren, das Gefühl, dass du in einer Luftblase sitzt und ein Stück weit über dem Boden schwebst, zulassen, entstehen lassen. Dann spüre, wie die Leichtigkeit in dein ganzes System hineinströmt und in diesen Tag, um dich zu begleiten.

Spüre, wie ich mich weiter mit dir verbinde und wie ich dir helfe, dass du die Energie der Leichtigkeit jetzt gemeinsam mit mir über deine Hände und dein Herz in deinen Tag hineinströmen lassen kannst. In jede einzelne Situation hinein, in jede einzelne Aufgabe, jeden einzelnen Termin und in jede einzelne Begegnung. Das ist mein Geschenk für dich an diesem Tag. Lass es fließen, lass es strömen – um dich herum und aus dir heraus. Genieße das Geschenk der Energie, der Leichtigkeit, und fühle dich wert, es zu erhalten.

So kam ich an diesem Morgen an den Strand und dem Meer an. Auch hier nahm ich alles ganz bewusst wahr, atmete die Luft, das Salz und die Energie dieses Moments ein. Ganz bewusst stand ich da, schaute über das Meer, und mit der nächsten Ausatmung wurde die Regenbogenbrücke, die meinen Teil von Atlantis mit dem anderen Teil verband, sichtbar. Wie von selbst kamen die Delfine, doch waren sie an jenem Morgen nicht übermütig, sondern eher andächtig. Sie begleiteten meinen Weg. Ich ging Schritt für Schritt über die Brücke, dem anderen Teil von Atlantis entgegen. Als ich das Ende der Brücke erreichte, hielt ich noch einmal an. Ich blickte auf das Land vor mir, nahm auch hier alles wahr, atmete ein, und atmete aus, und betrat den Boden.

Der Tag begann zu erwachen, und so sah ich Fischer, die ihre Netze eingeholt hatten und ihre Fische an Land brachten. Ich sah Frauen mit Körben und Kinder, die sie spielend begleiteten. Alles war harmonisch, ein jeder begegnete dem anderen mit Achtsamkeit und Wertschätzung. So bedankten sich die Menschen bei den Fischern aus ihrem Herzen heraus, und sie bedanken sich bei den Fischen dafür, dass sie ihnen als Nahrung dienten. Es war ein schönes Bild, das mein Herz wärmte und ein Lächeln auf mein Gesicht zauberte. Jetzt erkannte ich mit jedem Schritt, den ich ging, dass das Experiment Atlantis auch hier gelungen war.

Je weiter der Weg mich vom Ufer wegführte, desto besiedelter wurde es. Ging ich bisher auf sandigen Pfaden, so änderte sich der Weg und wurde zu einer Art gepflasterter Gasse. Diese Siedlung, diese Stadt, schlängelte sich die Anhöhe hinauf, und es schien fast, als würden die Häuser den Berg umarmen. Es war ein schöner Anblick. Für mich auch ungewohnt, eine Stadt kennenzulernen, gab es doch solche Siedlungen auf meiner Insel nicht. Auf der Insel des Herzens gab es bis jetzt nur die kleine Ansiedlung um den Tempel herum. Alles andere war so, wie ich es vorgefunden hatte, unveränderte unberührte Natur.

So ging ich nun dieses Gässchen – ganz bewusst und alles wahrnehmend – Schritt für Schritt, hinauf. Ich sah Menschen in vielen Altersstufen, dies war so, wie ich es kannte. Doch mit dem nächsten Schritt hielt mich etwas zurück, und als ich mich umdrehte, blickte ich zum ersten Mal in ein gealtertes Gesicht. Das war neu, ein Körper, der alterte, war mir bis zu diesem Moment noch nicht begegnet. Die alte Frau, in deren Gesicht ich jetzt blickte, klopfte mit ihrer Hand auf den Platz neben sich und bat mich so, mich zu ihr zu setzen. Eine Weile saßen wir beide schweigend nebeneinander auf der Bank. Eine jede von uns machte sich bekannt mit der Energie der anderen. Wir atmeten eine Weile schweigend gemeinsam. Irgendwann nahm die alte Frau meine Hand in ihre Hand und blickte mir in die Augen.

„*Liebes Kind*", so sprach sie zu mir. „*Nach so langer Wanderschaft habe ich mich bewusst dazu entschlossen, zu altern. Ich habe mich bewusst dazu entschlossen, diese Erfahrung zu machen, gehört sie doch zur Energie der Erde. Ich weiß, dass ich das nicht hätte zu tun brauchen, dass ich, wie wir alle, dieses Gefäß Körper verlassen könnte, wenn für mich die Zeit gekommen ist. Doch das, was ich über das Altern erfahre, möchte ich nicht mehr missen.*

Schau, ich muss hier nichts Großes mehr vollbringen, für mich ist alles getan. Ich kann einfach hier so sitzen und das Treiben auf der Straße beobachten. Es ist nicht einsam und auch nicht trostlos, denn ich bekomme sehr viel Besuch.

Viele Seelen, ob groß oder klein, kommen zu mir, um meine Energie zu spüren, die Wärme meiner Hand, meine Liebe, und um Antworten zu bekommen auf Fragen, die in ihnen sind. Oft sitze ich hier, in meiner Hand die Hand eines Kindes haltend. Oft tun wir dann nichts anderes, als uns zu spüren und gemeinsam zu atmen. Ganz ruhig wird es dann im System der Seele, die bei mir ist. Durch diese Ruhe erst ist es möglich, dass sich das ganze Energiesystem öffnet, weitet, und so alles fließen kann, das diese Seele benötigt. In solchen Momenten bin ich tief verbunden mit der Erde und meinem geistigen Zuhause. Beide Energien durchströmen mich, und mit meiner Erfahrung ist es möglich, die Seele, die bei mir ist, damit zu umhüllen. Du kennst es, denn du tust auf deiner Insel das Gleiche. Du öffnest dein Herz und lässt diese Energie fließen, du schenkst hierüber den Seelen, die zu dir kommen, tiefe Ruhe und Heilung.

Du, geliebtes Kind, bist noch lange nicht am Ende deiner Reise, auf dich warten Aufgaben, und du wirst viele Menschen lehren, führen und im Herzen berühren. Viele Aufgaben warten auf dich, und am Ende, wenn alles getan ist, kannst auch du dich entscheiden, ob du das irdische Gefäß einfach so verlässt, oder ob du in ihm bleibst und dem Körper erlaubst, zu altern.

Sieh, obwohl ich scheinbar nur hier so sitze, bin ich wichtig für all jene, die vorbeikommen und sich eingeladen fühlen, eine Weile bei mir zu sein.

Wenn du magst, geliebtes Kind, dann sitze hier jetzt ein wenig mit mir auf der Bank, öffne dein Herz und hülle gemeinsam mit mir diesen Platz ein, in unsere Energie."

Ja, so tat ich es. Das, was ich dadurch erleben durfte, möchte ich bis heute nicht missen. Es war so leicht, so getragen von liebevollen Energien, in denen alles enthalten ist, was die Seele, die zu uns kam, benötigte. Immer wieder stellten sich unsere Energien wie von selbst auf den jeweiligen Menschen ein, so wurde jeder auf eine einzigartige Weise berührt und eingeladen, eine Weile mit uns auf der Bank zu sitzen.

Ganz besonders hat ein Kind sich als Erinnerung, die niemals vergehen wird, auf meine Seele gelegt. Ein kleines Mädchen, nach eurer Zeit vielleicht drei Jahre alt. Es kam auf uns zu. Ganz in Sonnenlicht gehüllt, und es schien, als wäre die Kleine direkt aus der göttlichen Quelle heraus hierhergekommen. Ihre Augen waren strahlend blau wie der Himmel und das Meer. In ihrem Blick lag eine unglaubliche Tiefe, ein großes Wissen. Vor mir stand in einem Kinderkörper eine uralte Seele, und es schien, als wäre dieses Kind nicht von dieser Welt, und doch, war es da.

Es kam auf uns zu und schaute mich und die alte Frau mit seinen großen blauen Augen an. Es schaute uns direkt in unsere Seele und berührte etwas in mir, für das es keine Worte gibt. Ein Blick in diese Augen schien alle Antworten auf alle Fragen, die die gesamte Menschheit vom Anbeginn der Zeit, bis in die deine und darüber hinaus, zu haben. Ich war so ergriffen, dass ich erst einmal gar nichts sagen konnte, sondern versank in diesen Augen und ihren Energien. Nach einer Weile änderte sich die Energie, und ich konnte die Frage, die dieses Mädchen stellen wollte, in seinen Augen lesen, noch bevor es sie ausgesprochen hatte.

Diese Frage kennen viele Menschen, ja, ich würde sogar sagen, dass ein jeder Mensch sich auf die eine oder andere Weise diese Frage schon einmal gestellt hat.

Es ist die Frage nach dem Warum?!

So sprach dieses engelsgleiche Wesen, diese uralte Seele aus Licht, welche in diesem Kinderkörper wohnte.

„Geliebte Seelen, ich sehe euer Licht und eure Weisheit, ich fühle eure Liebe. Ich bin zu Gast hier auf Atlantis, und ich weiß noch nicht, ob ich bleiben möchte. Ich versuche zu verstehen, ich versuche, Mensch zu sein, ein Kind zu sein, doch es fällt mir schwer, da alles Wissen in mir ist. Ich bin die Essenz von allem, ich bin die Essenz für alles. Durch mich und mit mir kann das Paradies auf Erden, der Himmel auf Erden, entstehen. Hier auf Atlantis, in der Zeit, in der ihr hier jetzt lebt, gibt es für mich nicht viel zu tun, außer zu schauen, zu verstehen und abzuspeichern. Es fällt mir sehr schwer, ein Kind zu sein, so, wie die anderen, es fällt mir sehr schwer, ein Kind zu sein, so, wie meine Eltern dachten, dass es sein soll.

Ich berühre ohne Worte, ich berühre und heile, was immer sich für meine Berührung öffnet. Ich werde nicht lange hier sein, in dieser Zeitepoche. Ich werde vielmehr immer mal wieder hierher zurückkehren, um zu schauen und zu lernen, und um zu verstehen.

Ich werde da sein bei dir, du Priesterin der Herzen, wenn die Zeit auf Atlantis sich wandelt und du Antworten aus der Quelle brauchst. Aus diesem Grund bin ich jetzt zu dir gekommen, damit du dich an meine Energie erinnerst und mich erkennst. Wenn du dein Herz öffnest, wirst du mich selbst in der tiefsten Dunkelheit noch fühlen.

Dir, du liebe Seele in dem alternden Körper, möchte ich danken, habe ich doch viel verstehen können durch dein SoSein. Es ist nicht meine Aufgabe, in einem irdischen Gefäß zu wirken, doch wollte ich einmal die Begrenzung eines Körpers fühlen, und so werde ich es immer wieder tun. So wird es mir helfen, euer Handeln besser zu verstehen, die Warums werden beantwortet.

So bitte ich dich, Priesterin der Herzen, nimm einmal meine Hände, schau mir tief in die Augen und erkenne, was es für dich noch zu tun gibt."

Tränen liefen mir aus den Augen, und Ehrfurcht machte sich in meinem Herzen breit, da ich auf das Wachstum schauen durfte, das ich vollziehen würde, wenn ich den Tempel der Herzen für die Menschen öffnete.

Es war mir zum damaligen Zeitpunkt nicht bewusst, dass sich die Priesterinnen und ich auf unserer kleinen Insel wie in einen Kokon gehüllt hatten. Ja, es kamen Menschen, und ja, wir hatten Schüler, und es war ein großes Miteinander, und es war ein Kommen und ein Gehen. Doch das, was ich jetzt sehen durfte, war um ein Vielfaches mehr, es war ein Strömen.

Dieses Strömen der Menschen würde es in jedem Tempel geben, so durfte ich es in ihren Augen lesen. Es war wichtig für unser aller Wachstum.

So durfte ich auch in ihren Augen sehen, dass wir, die Priester, die Schleier zwischen uns und den anderen Lebensformen langsam lüften durften, um in Kontakt zu treten mit den Völkern der Erde. Hier war sie wieder, die gleiche Information, wie sie mir die Delfine gegeben hatten, und so wusste ich, was meine Aufgabe war an diesem und den nächsten Tagen der Zusammenkunft der Priester von Atlantis.

Das Kind nickte, denn es wusste, ich hatte es verstanden, und es segnete die Seele im Körper der alten Frau. Diese nickte, denn auch sie hatte verstanden, und sie war bereit, mitzugehen auf die Ebene des Lichts, um zurückzukehren in eine spätere Zeit, wo all ihr Wissen, alle ihre Erfahrungen und ihre Energie benötigt würden.

So hielt ich den Körper der alten Frau und sah, wie das Leuchten ihrer Seele sich trennte, um mit dem Kind ins Licht zurückzukehren.

Ich saß noch eine Weile auf der Bank und hielt den Körper. Nach einer Weile kamen Frauen, denn sie hatten gespürt, was geschehen war. Ich überließ ihnen den Körper der alten Frau, konnte sehen, wie sie ihn liebevoll trugen, wie sie ihn auf ein Bett legten, ihn wuschen und schmückten. Wunderschön lag der Körper dort, gehüllt in ein weißes Gewand und geschmückt mit unzähligen Blüten. Ein großer Friede hüllte den Körper in seine Energie, und so kamen die Menschen, um Abschied zu nehmen und sich bei der alten Frau zu bedanken.

So dankte auch ich ihr aus meinem Herzen heraus für unsere Begegnung und alles, was daraus entstanden war. Ich verließ ihr Haus und ging Schritt für Schritt weiter den Weg hinauf in Richtung Tempelanlage. Ich war ganz bei mir, in meiner Zentrierung, eingehüllt in alle Energien, die ich vorher geteilt hatte. Es war fast so, als würde ein Teil des Kindes und der alten Frau bei mir sein. Sie hatten beide ein Stück ihrer Weisheit an mich übertragen. Als mir dies bewusst wurde, hielt ich noch einmal an, legte meine Hände auf mein Herz und bedankte mich. Ich wusste, es würde eine Zeit kommen, da diese Energien für mich wichtig sein würden.

Etwas unterhalb des Tempels fand ich so etwas wie eine Terrasse. Ein uralter Baum wuchs dort, und seine Energie trug Weisheit in sich und Ruhe. Ich setzte mich an seinen Stamm und schaute aufs Meer hinaus. Ich begann, meinen irdischen Körper zu fühlen und meinen Geist auf die bevorstehenden Aufgaben zu lenken. Nach einer Weile stand ich auf, ganz im Hier und Jetzt, konzentriert. Ich atmete ein, und ich atmete aus. Ich war bereit.

Es war bereits später Nachmittag, als von überall her sternenförmig die Priester den Berg hinaufkamen, und so setzte auch ich meinen Weg fort und ging die letzten paar Schritte hinauf zur großen Tempelanlage.

In der Mitte der Anlage befand sich der Obelisk, der hier errichtet wurde, und mit dem Obelisken auf Lemuria verbunden war. Ich hatte sein Aussehen und seine Wirkungsweise schon fast vergessen. So hielt ich an, um den Obelisken zu betrachten und seine Energien zu fühlen. Ich brauchte nicht zu suchen, denn der Teil des Obelisken, der mit meinem Tempel der Herzen tief verbunden war, zog mich magisch an. Ich ging dorthin und berührte das Symbol mit meiner Hand. Der Obelisk öffnete sich ein Stück weit an dieser Stelle, und ein Lichtkristall fiel in meine Hand. Diesen Kristall würde ich mitnehmen und alles hineingeben, was sich in der nächsten Zeit entwickeln würde. Er würde eine weitere Lichttafel sein und Zeuge der Zeit. Er würde auf ewig die Verbindung zum Herzkristall und Lemuria halten.

Wenn in eurer Zeit, geliebte Seele, die du diese Zeilen liest, die Priester von einst sich wieder versammeln, die Energien wieder frei schwingen, werde ich da sein, um das Innerste des Tempels des Herzens zu öffnen und alle Lichtkristalle zu aktivieren. Auf dass sich alles wieder miteinander verbindet, durch Zeit und Raum und mit den Menschen, wie du einer bist, die bereit sind, ihr Erbe anzutreten und dem Licht zu dienen.

Die Zusammenkunft

Ich atmete ein, und ich atmete aus, drückte den Lichtkristall an mein Herz und bedankte mich bei allem, was mir dieser Tag bisher geschenkt hatte.

In tiefer Verbundenheit mit meiner Aufgabe auf Atlantis setzte ich meinen Weg fort, reihte mich in die Formation der Priester und Priesterinnen ein und ging gemeinsam mit ihnen in den Tempel hinein. Auch hier war alles rund, und ein jeder hatte seine eigene Tür, seinen eigenen Torbogen, durch den er das Allerheiligste betreten würde. Wir alle machten ganz bewusst diesen einen Schritt, um dann anzuhalten und in dem Bogen zu stehen. Unter unseren Füßen wurde ein Symbol sichtbar, ein weiterer Kristall, der sich mit meiner Energie aktivierte, sich mit jeder einzelnen Energie der Priester verband. Ihr würdet es in eurer heutigen Zeit vielleicht einen Kontrollpunkt nennen, und so darf ich dir, liebe Leserin, lieber Leser, sagen, dass das Innerste verborgen blieb, würde sich eine andere Energie an diese Stelle stellen.

Wenn du, liebe Seele, die du diese Zeilen liest, irgendwann den heiligen Boden berührst, auf dem Teil der Welt, wo das Allerheiligste von Atlantis gestanden hat, wird sich der Teil, der zu deiner Entwicklung und deiner Energie passt, dir offenbaren.

Wann immer du den Ruf in dir spürst, zu reisen, wann immer du in tiefer Verbundenheit auf einem Stück Erde stehst, erinnere dich an meine Worte.

Öffne dein Herz, lass deine Wurzeln tief hineinwachsen in dieses Stück Erde und gehe die Verbindung mit den göttlichen Reichen im Licht ein.

Atme ein, und atme aus, atme ein, und atme aus, und du wirst spüren, wie sich dieser Ort, dieses Stück Erde, unter deinen Füßen öffnet.

Im Laufe der Evolution der Welt wurden viele Orte errichtet, viele Tempel, viele heilige Stätten. Nicht alle waren atlantisch, und doch mit unserer Essenz verbunden. So sei offen, wenn dir ein solcher Ort begegnet, mache dich frei von Erwartung und Wünschen. Öffne dich vielmehr und empfange die Energien, empfange die Magie und lausche auf das, was der Ort dir erzählen möchte. Schöpfe aus allem, was er für dich bereit hält, und verbinde dich mit deinem ureigenen Potenzial, das dir in diesen Momenten zur Verfügung steht. Wenn dies geschieht, geschieht Einweihung, wirst du neu verbunden und ausgerichtet, und dein ganzes System wird auf eine neue Schwingungsebene gestellt.

So war es an diesem Ort auch für mich und alle anderen Priester. In dem Moment, in dem wir uns mit dem Kristall, dem Symbol, verbanden, verbanden wir uns auch miteinander, und der Fluss unser aller Energien wurde um ein Vielfaches angehoben. Gleichzeitig bildeten unsere Energien nach außen eine energetische Wand, so, als hätten wir die Tür des Tores geschlossen.

Die Energien umhüllten den ganzen Tempel, öffneten sich über seiner Kuppel wie eine Blume, und die goldene Energie von Lemuria floss hinunter und hinein ins Zentrum, in die Mitte und zu uns. So war und ist alles miteinander verbunden.

Die Menschen in den Gassen und Häusern unterhalb der Tempelanlage konnten die Energien sehen. Sie hielten an in ihrem Tun, schauten hinauf und verbanden sich ebenfalls mit der Erde und mit Lemuria. Viele von ihnen legten ihre Hände auf ihr Herz, legten ihre Handflächen aufeinander und führten sie zum Dritten Auge, um sich dann zu verbeugen. So flossen alle Energien und hüllten diesen Ort und alle Menschen, die dort waren, vollständig ein. Alles wurde still, wurde Gebet, Zentrierung, wurde Segen, alles öffnete sich, so auch wir.

Wie selbstverständlich stiegen wir aus unserem irdischen Körper heraus und begaben uns mit unserem Lichtkörper in die Mitte zu unserem Platz.

Vielleicht magst du, liebe Seele, die du diese Worte liest, einmal deine Augen schließen, dich fühlen an dem Ort, an dem du bist, und dich vollständig öffnen. Vielleicht magst du, liebe Seele, mit deinem Bewusstsein jetzt einmal eintauchen in diese Energien, und vielleicht bekommst du eine Ahnung von dem, was war und wieder sein kann. Vielleicht kannst du spüren, wie alles mit allem verbunden ist durch Zeit und Raum, und auch du ein Teil dieser Gemeinschaft bist. So lade ich dich wieder ein, wie schon einmal zu Beginn unserer Reise, mit deinem Fühlen und deinem Bewusstsein hier zu sein. Dabei zu sein, dich berühren zu lassen, Heilung und Verstehen empfangend.

Ich war Licht ohne die Begrenzung des Körpers, und auch wenn ich diesen Körper lieb gewonnen hatte und mich wohl in ihm fühlte, so war es ein unendliches Geschenk, hier wieder Licht sein zu können, grenzenlos. So atmete ich ein, atmete aus und dehnte mich aus. Alle anderen Priester und Priesterinnen taten es mir gleich, sie empfanden ähnlich wie ich und kosteten die Freiheit, körperlos zu sein, aus. Gleichzeitig schafften wir Raum in jedem von uns, wurden gläsern, sodass alles sichtbar wurde. Noch leuchteten wir hell, nur hier und da hatte sich bei jedem von uns so etwas wie, ihr würdet sagen *Staub*, angesammelt. Wir nahmen es wahr bei uns selbst und bei dem anderen. So tauchten wir zu Beginn der Zusammenkunft in diese Ansammlungen ein, um zu verstehen, was es zu bedeuten hatte und wie es geschehen konnte.

Zum ersten Mal durften wir erfahren, dass das Erdenleben Spuren hinterlässt. Dieser Staub, diese Ansammlungen, waren Spuren des Erlebten, waren Spuren von Energien, die weniger hoch schwangen, waren Spuren, welche die eine oder andere Reise hinter den Schleier von Atlantis mit sich gebracht hatten.

So war es wichtig, dies alles zu verstehen und herauszufinden, was es braucht, um sich wieder vollständig zu reinigen.

Du, liebe Seele, die du diese Worte liest, glaubst jetzt vielleicht, dass wir es wussten oder vielmehr hätten wissen müssen. Doch gab es bis dahin „eine solche Verschmutzung" nicht. Es galt für uns herauszufinden, wie diese Energien so tief eindringen konnten in unser System, ohne dass wir es merkten, und es galt herauszufinden, warum diese Energien bei unseren Reinigungsritualen unbemerkt blieben.

So begannen wir, diese Energien herauszulösen aus den einzelnen Lichtkörpern, um sie zu untersuchen. Ihr würdet in eurer Zeit diese Verschmutzungen unter ein Mikroskop legen und verschiedene Versuche damit unternehmen. Ihr würdet sie analysieren; versuchen, sie zuzuordnen, sie einzuordnen.

Nun, genau das taten auch wir, wenn auch mit unserem Bewusstsein, und genau das darf für die Erde erweitert werden.

Alles, was wir waren, was wir sind, all unser Wissen ist reines Licht, ist die Schwingung der höchsten göttlichen Ebenen. Die Schwingung der Erde jedoch ist eine andere, auch zu atlantischen Zeiten war sie anders, und so galt es für uns, tiefer einzusteigen in die Schwingungen der Erde. Es galt, sich noch mehr zu verbinden und in Kontakt zu kommen mit dem Gedächtnis des Planeten Erde.

Als wir dies erkannten, war es natürlich kein Problem, den Staub aus unserem System zu entfernen. Er hatte uns als Schlüssel gedient, um auf die nächste Stufe ins Erdendasein einzutauchen.

Ich berichtete von meiner Bewusstseinsreise, welche ich bei den Delfinen und mit ihrem Ältesten erlebt hatte. Ich berichtete von Lefara und den anderen Einhörnern, die, wie ich wusste, uns über ihre alten heiligen Pfade ins Innerste der Erde und zu ihren heiligen Städten führen konnten. Vieles an diesen Orten war genauso, wie wir es kannten, Bewusstsein, Informationen in Licht geschrieben. Doch konnte ich auch berichten von den anderen Völkern die ich sehen durfte auf meiner Reise mit dem Delfin, und von ihrer Ausdrucksweise.

Es gab weitere Priester und Priesterinnen, die ähnliche Erfahrungen und Erlebnisse gemacht hatten, und sie alle begannen darüber zu berichten. Wir sammelten alle diese Informationen und kamen zu dem Entschluss, eine gemeinsame Bewusstseinsreise zu unternehmen. So bereiteten wir alles für diese Reise, diese Zeremonie, vor. Sie sollte stattfinden, wenn der Mond aufgegangen war und die Sterne leuchten. Wenn alle Energien zur Ruhe gekommen waren und sich zum Schlafen auf die Erde legten.

Die Zeit bis dahin verbrachte jeder auf seine Weise. Ich ging in den Garten und zurück zu dem Baum, hoch über dem Meer. Ich atmete die Luft, spürte den Wind, lauschte den Vögeln und dem Gesang der Delfine, der unter mir einsetzte. So glitt ich immer tiefer und tiefer in die Verbindung von Allem-was-ist auf diesem Stück Land. Alles war klar und rein. So konnte ich schauen, den Schleier zwischen Atlantis und der Welt wahrnehmen und den Staub dahinter. Noch waren wir geschützt, doch etwas in mir machte sich bemerkbar und versuchte mir zu sagen, dass es eine Zeit des Wandels geben würde. Ich spürte den Druck auf meinem Herzen und Trauer in meinem System, doch konnte ich es nicht greifen und ließ es los, ließ es gehen.

Als die Stunde gekommen war, um uns miteinander zu verbinden und gemeinsam auf Bewusstseinsreise zu gehen, wurde klar, dass jeder einen anderen Eingang, einen eigenen Zugang haben würde, ohne dass die Verbindung abbrechen würde. So lagen wir im Kreis auf der Erde, in der Mitte der Obelisk des Allerheiligsten. Wir waren vollständig geöffnet und mit dem Kristall im Obelisken verbunden, der immer gespeist wurde vom goldenen Licht Lemurias. Wir nahmen den Kontakt zur Erde auf und begannen, immer tiefer hineinzusinken, uns mit der Erde zu verbinden, und so öffnete sich die Tür für mich, und ich war bei dem Baum, der über dem Meer stand, dieser alte Weise. Ich war an seinen Wurzeln groß und stark, alles umfassend. Er zeigte mir die Stufen, die ich gehen sollte, doch anders als ich dachte, führten sie hinauf und nicht hinunter. Sie führten mich in seinen Stamm, in sein Innerstes, in sein Gedächtnis. Hier durfte ich erfahren, was der Baum alles erlebt hatte, hier durfte ich sehen, wie das Land Atlantis sich aus dem Meer emporhob und wie es verankert wurde. Es war eine ganz bestimmte Achse, so würdet ihr es vielleicht bezeichnen, ein ganz bestimmter Berührungspunkt, in eurer Sprache von Längen- und Breitengraden. An diesem Standort liefen alle energetischen Fäden der Erde zusammen.

Das Gedächtnis des Baumes zeigte mir, dass wir, die wir dieses Land besiedelten, bereits begonnen hatten, diese Fäden miteinander zu verweben. Es ist das Feld der Erde, in dem alles gespeichert ist, in dem alles miteinander verbunden ist. Es ist die Blume des Lebens, die die Erde hält. Es ist das geheilte Feld, es ist die Blaupause von Atlantis in der reinsten Form, die der Erde und euch helfen wird, alles zu wandeln, um ins Paradies zurückzuführen, in die Einheit des Lichts auf Erden.

Mir wurde die Aufgabe übertragen, dieses Feld zu nähren, Lichtkristalle hineinzugeben, mit allen Programmierungen der göttlichen Strahlen. Zu dieser Aufgabe gehörte auch, dieses Feld immer wieder zu erweitern und zu stabilisieren. Meine Aufgabe war es, dieses Feld zu schützen und von allen Unreinheiten zu befreien. Es war meine Aufgabe, dieses Feld zu verankern, und es ist meine Aufgabe, den Schutz, den ich darum gelegt habe, und den Schleier in deiner Zeit immer mehr aufzuheben.

Je weiter ihr Lichtarbeiter, geliebte Seele, die du diese Zeilen liest, voranschreitet in eurer Entwicklung, in eurer Bewusstwerdung, desto sichtbarer wird auch für euch dieses Feld werden, und ihr seid eingeladen, eure Wurzeln aus der Dualität der Erde zu lösen und sie hineinzugeben in das Ur-Feld von Atlantis.

Manchen ist dieses Feld als geheiltes Feld von Mutter Erde bekannt. Finde deinen Platz in diesem Feld, geliebtes Kind. Lass deine Wurzeln tief hineinwachsen und verankere dich. Mache dich bekannt mit dieser Energie in kristallinem Blau und erlaube den Kristallen, die zu dir und deinen Aufgaben passen, sich zu öffnen und sich mit dir zu verbinden, auf dass das Erbe von Atlantis sich mit dir verbindet, dich heilt und anhebt und durch dich wirkt.

Das Paradies, von dem die Menschheit träumt, liegt in euch. Ihr habt es in der Hand, in eurer Verantwortung und Handlung, wie viel ihr in euer Leben und in das eures Nächsten hineinfließen lasst. Leg ab begrenzendes Denken, leg ab die Angst vor Unbekanntem, leg ab das Streben nach irdischer Sicherheit, denn wisse, all das ist Dualität, all das ist Begrenzung und Unfreiheit. Sei mutig, geliebte Seele, und lass dir helfen von uns und deiner geistigen Begleitung und von der Erde, von dem geheilten Feld. Atme ein, und atme aus, sei!

Als die Zeit gekommen war, kehrten wir gemeinsam zurück. Ein jeder von uns hatte tiefe Erkenntnis erfahren und seine Aufgabe für die nächste Zeit. Ein jeder ging erfüllt mit allem, was er erlebt hatte, in seine Kammer, um die Nacht alleine zu sein.

Ich ließ die Energien, die in mir waren, und alles Erlebte einfach fließen, und irgendwann fiel ich in einen tiefen und ruhigen Schlaf.

Als ich am nächsten Morgen erwachte, freute ich mich auf den Tag und auf alles, was er bringen mochte. So fanden wir uns zur neunten Stunde wieder im Allerheiligsten zusammen. Ein jeder berichtete, und es wurde vieles zusammengetragen, viele Erkenntnisse und Aufgaben.

Wir beschlossen, dass es wichtig wäre, alle Schüler in ihrem letzten Jahr des Werdens auf Reisen zu schicken. Sie sollten im Laufe eines Jahres alle Tempel besuchen und mit der jeweiligen Essenz in Berührung kommen. Sie sollten lernen, ihren Schwerpunkt mit der Essenz des jeweiligen Tempels zu verbinden.

In meinem Tempel ist die Essenz die Herzenergie, die reine Liebe, und alles, was wir tun, tun wir über das Herz. Alles Denken, alle Handlungen laufen über die Herzenergie und werden auch von hier entschieden.

In einem anderen Tempel ist die Essenz das geschriebene Wort. Alles Denken und alle Handlungen werden über dieses Wort getan.

So bestimmt in jedem Tempel die jeweilige Essenz, wie gedacht und gehandelt wird. Die Essenz ist die Wahrheit des jeweiligen Themas. So ist meine Wahrheit jene, die aus dem Herzen heraus fließt.

Damit alle Schüler die Gelegenheit bekommen, ihre eigene Wahrheit und Essenz zu finden, beschlossen wir, sie in ihrem letzten Jahr auf die Reise zu schicken. Danach dürfen sie sich entscheiden, in welcher Essenz sie ihre Meisterschaft machen möchten. Da es bei uns keine Begrenzung gibt, gab es auch Schüler, die in mehreren Essenzen ihre Meisterschaft gefunden haben. So war und ist das Höchste der Entwicklung, die wir und ihr, liebe Leser, erreichen können, die Meisterschaft der göttlichen Strahlen.

Ein solcher Meister ist in der Lage, in jeder Situation, in jeder Herausforderung, die Essenzen zu mischen, zu bündeln und fließen zu lassen. So entstehen Heilung und Entwicklung auf allen Ebenen, durch Zeit und Raum.

Einige von uns bekamen zusätzlich die Aufgabe, sich weiter mit dem Staub zu beschäftigen und immer wieder in die Energiefelder der Einzelnen hineinzuschauen, um Anhaftungen zu entfernen. So sollten alle Priester der Tempel der Reinigung sich versammeln und sich immer wieder dem Studium des Staubes, seiner Entstehung und Transformation widmen.

Die letzten Stunden unseres Zusammenseins verbrachten wir mit einer gemeinsamen Mahlzeit, mit Austausch und zum Abschluss mit einer Reinigungszeremonie. Danach ging wieder jeder zu seinem Tor zurück, verband sich vollständig mit seinem Körper, um dann die Heimreise anzutreten. Sternenförmig gingen wir wieder auseinander, jeder auf seinem Weg und zu seinem Tempel zurück.

Die Heimkehr

Tief berührt und erfüllt von all dem Erlebten und den Energien ging ich zentriert den Weg zurück durch die Gassen bis zum Meer. Als ich dort ankam, öffnete ich meine Augen und schaute über das Wasser. Ich spürte Großes in mir, eine große Aufgabe, und so atmete ich ein, und atmete aus. Der Wind, der liebevoll meinen Körper berührte, half mir, aus einer Art Trance zu erwachen. Ich blieb eine Weile so stehen, genoss den Wind und die Sonne auf meiner Haut, nahm über meine Fußsohlen Kontakt auf mit der Erde und wurde wieder vollständig eins mit meinem Körper. Es fühlte sich für mich fast so an, als ob der Lichtkörper sich einweben musste in den physischen Körper. Jetzt war ich ganz da, ich war physischer Körper, ich war Lichtkörper, ich war Bewusstsein.

Die Delfine warteten bereits auf mich, und so ließ ich mich auf ihrem Rücken über das Meer tragen, um dieses zu spüren. Mit jedem Stück, das wir dem Teil von Atlantis, auf dem ich zu Hause war, näher kamen, wurde ich immer wacher und klarer. Auch hier hatte ich das Gefühl, dass die große Aufgabe, die vor mir lag, erst ankommen musste in meinem ganzen Sein.

Als ich ankam, begann die Sonne bereits unterzugehen und tauchte alles in ihr warmes, rotgoldenes Licht. Meine Schwestern kamen zu mir gelaufen. Wir begrüßten uns herzlich, dann stellten wir uns kreisförmig auf und gaben einander die Hände. In diese Verbindung flossen Anteile all jener Energien, die in mir waren, und wurden somit auch ein Teil jeder Einzelnen. Als meine Schwestern die Größe der Aufgaben, der Veränderungen, spürten, atmeten sie ein, und sie atmeten aus. Die Blicke, die sie auf mich richteten, waren fragend. Ich lächelte, nickte ihnen zu, und so gingen wir in Stille Schritt für Schritt in die Tempelanlage und hinein in das Allerheiligste. Eine jede nahm ihren Platz in der Mitte ein, und der Herzkristall von Atlantis, unsere Essenz, wurde sichtbar in der Erde.

Der Obelisk erhob sich und kam in unsere Mitte. Ich berührte den Herzkristall, und er nahm sofort Verbindung auf mit all den anderen Lichtkristallen, die bereits in den Wänden verankert waren. So saßen wir eine Weile in Stille und Meditation, bis die Energien der Kristalle soweit ausgerichtet waren, dass sich alles beruhigte.

Der Raum des Herzens mit all seinen Qualitäten und Aufgaben hatte sich geformt, und in jeder von uns wurde der Lichtkristall im Herzen sichtbar, ging in Kontakt und wurde verbunden.

So begann ich, zu meinen Schwestern zu sprechen. Ich berichtete von allem, was ich erlebt hatte, und ich berichtete, von dem, was beschlossen wurde, und von dem, was ich in mir spürte als große Aufgabe und an sie weitergegeben hatte, um zu teilen.

Sie hörten mir aufmerksam zu, und eine jede begann für sich, ihre Aufgabe für ihren Bereich, für ihren Tempelraum, die Essenz aus allem, herauszunehmen, und so war es ein miteinander Studieren.

Ihr würdet in eurem irdischen Leben sagen: Eine jede begann, auf einem Block zu schreiben, alle Hinweise, all die Informationen, die sie selbst betrafen, so etwas wie eine Stoffsammlung. Nachdem ich alles berichtet hatte und alle Energien miteinander geteilt waren, zog sich eine jede ein Stück weit zurück, um mit sich selbst zu sein.

Doch wir blieben alle in diesem Raum. Der Mond schien mittlerweile hell, sendete sein Licht in die gläserne Kuppel und tauchte alles in seine Energie, in die Sanftheit, aber auch in die Kraft der weiblichen Energie, die so sehr auch zur Energie des Herzens gehörte.

Vielleicht magst auch du einmal, geliebtes Kind, das du diese Zeilen liest, wenn dich etwas bewegt, wenn etwas sortiert werden möchte, wenn du etwas Neues in dein Leben hineinbringen möchtest, dich in tiefe Meditation begeben.

Wenn der Mond am hellsten scheint, setze dich in sein Licht, öffne dein Herz und gehe in die Verbindung mit ihm. Vertraue! Vertraue darauf, dass sich dir alles zeigen wird, was wichtig ist und was sich durch dich in deinem Leben entfalten möchte.

So entfaltete sich auch für jede von uns die Aufgabe, und es war, als würde sich aus all diesen Worten, aus all diesen Informationen, ein Muster weben. Dieses Muster gab Aufschluss und Erkenntnis über das, was getan werden durfte und wie es sich im jeweiligen Tempelraum entfalten konnte. Es gab Aufschluss darüber, was gebraucht wurde und wie es sich am besten entfalten konnte.

So wurde auch die Aufgabe des letzten Tempelraums geboren. Es war die Geburtsstunde des Tempels der Transformation. Bis zu diesem Zeitpunkt war die Priesterin, die noch auf ihre Aufgabe wartete, in jedem Tempelraum zu Hause. Sie unterstützte, sie beobachtete, und sie half dabei, die Dinge weiterzuentwickeln. Sie war diejenige von uns, die oft auf Reisen war, um zu lernen, zu erforschen und zu erfahren. Sie war diejenige von uns, die, ihr würdet sagen, so etwas wie eine *Abenteurerin* war.

Sie trägt in sich die Energie der Leichtigkeit, der Lebensfreude, eine unbändige Kraft und einen Durst nach Wissen und Fühlen. All diese Energien, all diese Veranlagungen und all das Wissen, das sie bereits erworben hatte auf ihren Reisen, flocht sich jetzt ineinander zu einer einzigen großen Aufgabe: die der Transformation.

Der Tempelraum der Transformation

„Mein Name ist Alena, und ich bin unendlich berührt, jetzt zu euch sprechen zu dürfen.

Der Tempel der Transformation blieb uns allen lange Zeit verborgen, gab es doch anderes zu tun, galt es doch, Atlantis aufzubauen. In dieser Epoche des Aufbaus gab es nichts zu wandeln, gab es nichts, das der Transformation bedurfte. Am Anfang fühlte ich mich ein wenig verloren, da meine Aufgabe nicht sichtbar, noch nicht greifbar war. Ich hatte einen Raum in der Tempelanlage, doch er war über viele Epochen wie ein unbeschriebenes Blatt im Wind. Zu Beginn der Zeit des Aufbaus half ich meinen Schwestern, stand ihnen mit Rat und Tat zur Seite und lernte. Ich wurde immer mehr wie ein Schwamm, der alles Wissen, alle Emotionen, einfach alles aufsaugte. Ich begann für mich, alles miteinander zu verweben.

Alle Lichtinformationen, um die ich wusste und die in mir waren, alle Lichtinformationen, die ich bei meinen Mitschwestern wahrnahm, verflochten sich mit allem, irgendwann auch mit der Materie. So brachte ich alles zusammen und erkannte die Muster. Ich erkannte das Zusammenspiel von Licht und Materie, und so erforschte ich über einen langen Zeitraum dieses Zusammenspiel, diese Wirkungsweise, wie das eine das andere beeinflusste. Das, was ihr als Dualität bezeichnet und was später im Tempel der Transformation so wichtig war, zu wissen und zu tun, zu wandeln –, das gab es nicht in der ersten Zeit, in diesen ersten Epochen von Atlantis. Hier war es ein einziges Nähren, ein gegenseitiges Unterstützen und Wachsen. Von all *dem lernte ich, und erst jetzt, da meine Aufgabe sichtbar ist, mein Tempel geboren wird, bekomme ich eine Ahnung davon, wozu dies alles wichtig war.*

So möchte ich dir, du liebes Kind, das du dich hier jetzt durch meine Worte berühren lässt, an die Hand geben, in dein Herz legen: Vertraue, vertraue dem Weg, auch wenn du nicht weißt, wohin er dich führt. Vertraue auf alles, was dir begegnet. Nimm es an. Beobachte, ordne ein und nimm zu dir, was in der Liebe schwingt und in deiner Wahrheit. Du kannst nicht wissen, wohin dein Weg dich führt, und du kannst nicht wissen, welche großen Aufgaben vor dir liegen, nicht in der Gänze.

Ich weiß, ihr Menschen möchtet es allzu gerne erfahren. Ihr sucht, erforscht, und auf eurem Weg findet ihr die eine oder andere Antwort. Doch wisse, das Große Ganze bleibt ein Mysterium, und dieses Mysterium kann sich dir erst zeigen, wenn du dich hineinentwickelst, wenn du all diese Schritte gehst, wenn du lernst, annimmst und integrierst – in dein System und in dein Leben.

Dann werden sich die Türen öffnen. Eine nach der anderen, und dein Weg wird sich dir bis zur nächsten Tür offenbaren, wird sich zeigen. Vertraue, vertraue auf deine innere Führung und vertraue auf dich, du Menschenkind, denn das ist der Weg auf dem Weg, der dich führt ans Ziel, der dich führt ins Licht und in die Gemeinschaft des Einen zurück.

So erkannte ich, dass all das Wissen, dass all die vielen Schritte, alle meine vielen Reisen wichtig waren, dass es nicht nur meiner Freude und meinem Wissensdurst diente, sondern dem Großen Ganzen. Alles war Vorbereitung auf das, was kommen würde. All das war Vorbereitung auf das, was jetzt ins Le-

ben gerufen werden durfte. Und so möchte ich mich hier vor dieser großen Aufgabe, die mir übertragen wurde, noch einmal verbeugen. In Demut, in Liebe und in der Bereitschaft, egal, was auch kommt, diese meine Aufgabe zu erfüllen.

So entstand in dieser Zeremonie, in dem großen Miteinander im Allerheiligsten des Tempels des Herzens, in mir, in meinem Bewusstsein, der Tempelraum der Transformation.

Ich öffnete mich, öffnete mein Herz, mein ganzes System. Ich öffnete meine Arme und schaute nach oben in das Licht des Mondes. Ja, ich war bereit, und dies teilte ich dem Höchsten mit und empfing seinen Segen. So nahm ich den Platz in der Mitte der Gemeinschaft ein, und Selina und meine anderen Mitschwestern bildeten einen Kreis um mich. Eine jede von ihnen öffnete ihr Herz, eine jede von ihnen öffnete ihre Qualität, ihre Essenz, und die zwölf göttlichen Strahlen wurden sichtbar, und sie begannen, zu mir zu fließen, sie begannen, mein Herz, mein System zu berühren, um alles in mir, was noch schlummerte, zu aktivieren. All diese hohen göttlichen Lichtstrahlen mit all ihren Informationen, mit all ihren Facetten, ihren Möglichkeiten und Aufgaben, sie alle flossen in mein System. Jeder von diesen Strahlen fand seinen Platz in einem Lichtkristall an meiner spirituellen Wirbelsäule, und so spürte ich die Aktivierung, spürte die Kraft, die Liebe und die Größe meiner Aufgabe. Meine spirituelle DNA begann zu kreisen, und auch hier webten sich alle Farbstrahlen ein, alle Informationen, alles wurde eins in mir, und so faltete ich meine Hände, neigte meinen Kopf. Ich berührte mit meinen gefalteten Händen mein Drittes Auge, meinen Mund und mein Herz. Ich verbeugte mich in tiefer Demut vor dem, was hier jetzt geschehen war, und ließ aus meinem Innersten heraus ein JA aufsteigen.

Meine Mitschwestern nahmen am Ende dieser Einweihungszeremonie ihre Lichtstrahlen wieder zu sich, sodass ich jetzt in meinem Licht strahlen konnte, ich all die Energien in mir spüren konnte, und so versank ich in tiefe Meditation, versank in Stille, auf dass sich alles ordnen konnte, auf dass alles ankommen konnte bei mir. In meinem System Körper, Lichtkörper, Geist und Seele. Meine Schwestern verbeugten sich. Sie zogen sich zurück, verließen das Allerheiligste, und eine jede von ihnen ging in ihren Tempel, um dort in Stille und tiefer Meditation zu sein.

Lass auch du diese Stille und alles, was jetzt in dir ist, durch die Berührung dieser Worte ankommen. Schließe deine Augen und fühle dich in deinem Sein, so, wie auch ich es jetzt tue.

Als die Energie des Mondes sich zurückzog, um dem erwachenden Tag Platz zu machen, erwachte auch ich aus tiefer Meditation. Alles in mir war zur Ruhe gekommen, alles in mir hatte sich gesetzt auf den Platz, woraus es wirken durfte. Ich war eins geworden mit all dem, und ich spürte eine Kraft, die ich so nicht gekannt hatte. Ich atmete ein, und ich atmete aus und hieß sie willkommen.

Ich war der Raum der Transformation. Kein Gebäude, kein Zimmer, sondern ich, Alina, die Priesterin von Atlantis, in einem menschlichen Körper. Als mir dies bewusst wurde, spürte ich die Kraft der Transformation. Ich konnte zum ersten Mal dieses violette Licht sehen, fühlen, und ich wusste tief in meinem Inneren, dass diese Farbe, diese Energieschwingung, sich allem anpassen würde, jeder Situation und jedem Ungleichgewicht in der Intensität, in der sie gebraucht würde. Noch war es zart, war die Energie hell, kristallin, doch ich ahnte, dass eine Zeit kommen würde, da die Energie immer dichter würde, die Farbschwin-

gung immer dunkler, dass all diese Kraft, die ich in mir spürte, sich in dieser Energie widerspiegeln würde.

Ich war dankbar für alles, was geschehen war, und ich spürte die Erde unter mir, den Boden, und ich spürte die Verbundenheit mit dem Höchsten. Ich wusste, ich hatte die Kraft, all das, was auf mich zukommen würde, zu bewältigen.

Mit den ersten Sonnenstrahlen, die durch die Kuppel fielen, öffnete sich die Tür zum Allerheiligsten, und Selina trat ein. Sie kam auf mich zu, nahm meine Hände, schaute mir tief in die Augen und berührte mein Herz:

‚Geliebte Schwester, ich bin tief berührt, und demütig stehe ich hier vor dir und deinen Aufgaben. Ich weiß, du bist in deiner Kraft, und du wirst deinen Weg gehen. Ich weiß du wirst reisen, noch mehr, als du es bereits getan hast. Wisse, mein Segen, meine Liebe und die Verbundenheit zu diesem Tempel werden immer bei dir sein. Du kannst immer wieder hierherkommen, um auszuruhen, um in die Stille zu gehen, in die Meditation und in die tiefe Verbundenheit mit dem, was unsere Essenz ist, das Herz.'

So nahm sie meine Hand und segnete mich. Dann gingen wir beide hinaus aus dem Innersten, hinaus in den neuen Tag und zu all den Menschen, die auf mich warteten. Mit jedem Schritt, den ich hinausging, fühlt ich die Leichtigkeit des Tages und die Freude. Und ich fühlte die Freude des Festes."

Neubeginn – Die nächste Stufe

"Da dieses Fest mir, Alina, gewidmet wurde, ist es mir eine Freude, euch selbst davon zu erzählen.

Da stand ich nun gemeinsam mit Selina zwischen den Säulen des obersten Tempels. Auf den ersten Stufen standen links und rechts meine Schwestern, unter den Stufen waren all unsere Schüler versammelt. Die Tiere des Waldes kamen, und auch die Naturwesen wurden auf einmal sichtbar. Alles war mit Blumen geschmückt. Viele Blüten lagen wie ein wunderbares Gemälde auf den Stufen neben dem Weg, und selbst die Blumenkränze, die sich über die Säulen emporgehoben hatten, öffneten ihre Blüten und verströmten ihren Duft. Die Vögel sangen ihr schönstes Lied. Schmetterlinge tanzten, und von weitem hörte ich die Delfine rufen. Sie feierten gemeinsam mit uns dieses Fest des Herzens.

Etwas war anders an diesem Tag, an diesem Morgen. Selina hatte viele Regenbogenbrücken über das Meer gespannt, in jeden Teil von Atlantis hinein. Diese Regenbogenbrücken enthielten die Einladung an die Menschen, zu kommen – auf diesen Teil, den Selina bis dahin immer bewahrt hatte, der nur uns vorbehalten war. Dies war ihre Herausforderung, ihre neue Aufgabe, diesen Teil des Landes Atlantis für die Menschen zu öffnen.

So war das Fest des Herzens nicht nur für mich, sondern auch für meine Mitschwestern und für unsere Schüler. Ein neuer Schritt, ein großer Schritt. Der Tempel des Herzens, in all seinen Schwingungen und Möglichkeiten, öffnete sich für die Menschen.

Mit jedem Einatmen und Ausatmen erhob sich das Land weiter aus dem Meer. Es begann zu wachsen, und Selina stand da und unterstützte dies mit ihrem Bewusstsein, mit ihrer Energie, mit ihrem Herzen. So war auch sie in dieser Nacht und an diesem Morgen unendlich gewachsen.

Wir feierten an diesem Tag das Fest der Liebe, der Leichtigkeit und der Freude. Es war ein großes Miteinander, und als die ersten Menschen über die Regenbogenbrücke kamen, lief eine jede von uns zum Strand, eine jede von uns zu ihrer Brücke, die zu ihrem Tempelraum gehörte, um die Menschen willkommen zu heißen. Da ich alle Farbstrahlen in mir vereint hatte und der Raum der Transformation in mir war, blieb ich auf den Stufen des Tempels stehen. Ich öffnete meine Arme und ließ alles hinausfließen, was dieser Tag sich wünschte.

Es war ein unglaubliches Miteinander auf eine für uns noch nie da gewesene Art und Weise. Während der ganzen Zeit stand Selina auf dem Weg und hielt die Energie. Sie ließ einfach nur die Liebe fließen. So war es das eine oder andere Mal, dass die Fußspuren der vielen Menschen über die Erde mit dieser Liebe in Verbindung kamen. Sie empfingen die Energie der Liebe und gaben sie wieder zurück. So entstand ein Kreislauf von Empfangen und Geben, Empfangen und Geben.

Als die Sonne ihren höchsten Stand an diesem Tage erreicht hatte, hörte das Strömen auf, die Menschen waren angekommen. Die Energien setzen sich, und so begannen auch die Menschen, sich zu setzen. Ein jeder richtete sich aus auf die Energie, welche er an diesem Tag benötigte, durch die er wachsen konnte.

So saßen die Menschen in langen Reihen auf der Erde, in meditativer Haltung vor den einzelnen Räumen. Demut und tie-

fe Dankbarkeit, dass dies hier jetzt geschehen durfte, erfüllte eine jede meiner Mitschwestern.

Selina kam langsam wieder in ihre eigene Energie zurück. Schritt für Schritt ging sie in den Tempel. Sie war da und doch ein Stück weit wie unsichtbar. Sie beobachtete, spürte überall hinein."

Selina spricht:

Ja, geliebte Kinder, ich zog mich eine Weile zurück, denn all das, was an Größe, an Energien und Liebe herausgeflossen ist, war so unendlich. Es war in einer Intensität geflossen, wie ich es noch nie zuvor vollbracht hatte, und so ist durch dieses Tun, an diesem Tag, mein Herz um ein Vielfaches gewachsen. Es ist wie der Ozean, der die Erde bedeckt. Es ist wie ein Ozean, der sich ausdehnt in die Unendlichkeit der Welten, ohne jemals an Land zu stoßen, der alles miteinander berührt, auch wenn es nicht sichtbar ist.

Dieser Ozean, der ein jedes Geschöpf, das sich berühren lassen möchte, in seinem tiefsten Inneren, in seinem Herzen berührt.

So möchte ich, Selina, dich einladen, dich berühren zu lassen.

So spüre, wenn du es magst, wie du zu mir kommst, hier an diesen Ort auf Atlantis in dieser Zeit. Komme langsam Schritt für Schritt. Mache immer wieder Pause auf dem Weg zu mir. Atme und fühle und spüre, wie dein Bewusstsein immer klarer wird, du das Weltliche hinter dir lassen kannst und in deiner Reinheit, deiner Essenz, jetzt bei mir ankommst.

Nimm Platz, liebes Menschenkind, liebe Seele, und versinke immer tiefer und tiefer in diese Meditation, diesen Zustand, in dem wir grenzenlos sein können, und wenn du magst, nehme ich dich jetzt mit an diesen Ozean der Herzensenergie. Ich nehme dich mit in das Feld meiner selbst. Atme, geliebtes Kind, immer wieder und nimm dir alle Zeit, die du brauchst. Wenn du so weit bist, spüre, wie dieser Ozean meiner Energie, die Wellen des Herzens, dich erreicht. Lass dich erst einmal umspülen, so, als würdest du an einem Strand sitzen und die Wellen kommen. Ein wenig Wasser bleibt, damit du Vertrauen fassen kannst. So bleibt auch meine Energie, damit du vertrauen kannst, wenn der Zeitpunkt gekommen ist, da du bereit bist.

Dann lass die Energie einatmend in dich hineinströmen, den Ozean der Herzenswärme, der Weisheit, der heilenden Berührung, der Kommunikation. Der Ozean der allumfassenden Liebe. Spüre, wie Energie in das System fließt, wie die Energie aufsteigt, und dann spüre, wie du allen Schmerz, alle Blockaden aus diesem, deinem irdischen Leben und aus vielen anderen Leben jetzt diesem Ozean übergeben kannst.

Spüre, wie Alina zu uns tritt und die Punkte in dir, die der Wandlung bedürfen – all das, was herausgeflossen und was noch in deinem Inneren verborgen ist –, mit der Energie der Transformation berührt. So fühle dich getragen in der Energie der Liebe. Fühle die Berührung der Wandlung, und wenn du dich öffnest, wenn du wirklich bereit bist, wird Heilung geschehen.

Lass es wirken in dir durch Zeit und Raum, bis die Heilung, die heute geschehen darf, vollständig abgeschlossen ist. Dann wirst du spüren, wie die Energie der Transformation sich zurückzieht und alle deine Zellen durchpulst werden, durchströmt werden mit der Energie der Liebe. Du kannst fühlen, wie weit dein

Herz sich geöffnet hat, und auch dein Bewusstsein. Lass dich auffüllen, mit den Energien des Göttlichen, die jetzt wichtig sind für dich, welche in diesem Ozean der Liebe enthalten sind, denn auch ich, geliebtes Kind, trage alle zwölf Farbschwingungen des Göttlichen in mir, auch in mir wurden sie an diesem Tag vollständig aktiviert. Genau wie Alina habe auch ich die nächste Stufe erklommen.

So leg jetzt auch du, liebe Seele, die du diese Zeilen liest, deine Hand in meine Hand. Steh auf und fühle dich in deiner neuen Schwingung, in deiner Größe. Dann schließ deine Augen in dem Wissen, dass eine neue Stufe, eine neue Herausforderung sich dir jetzt offenbaren möchte. Wenn du diesen Schritt in tiefem Vertrauen auf dich und deine innere Führung machen möchtest, dann spüre die energetischen Hände deiner Lehrer im Geistigen, deiner Begleitung, die die deinen jetzt nehmen. Lass deine Augen geschlossen, vertraue und mache den nächsten Schritt. Nimm die Tür wahr, die du durchschreiten kannst. Berühre sie und fühle, wie sie sich öffnet, für dich. Spüre deine eigene neue Energie, die Schwingungsanhebung, die zu dir kommt.

Atme sie ein über die Füße, über die Nase, über die Krone und über die Hände, dann lass sie bei dir ankommen. Mache dich vertraut, und dann geh durch die Tür und auf den neuen Teil deines Weges.

Ich segne dich, geliebtes Kind, dich, deinen Mut und deinen Weg. Ich danke dir für dein Vertrauen, dass du dich hier jetzt eingelassen hast auf mein Angebot, auf meine Berührung, auf das, was auf dich gewartet hat. Wenn du magst, dann bleib noch eine Weile hier, um zu spüren. Dich selbst zu spüren.

So lass ich dich an dieser Stelle allein. Alina ist in der Nähe. Sie widmet sich hier immer mehr ihren Aufgaben. An diesem

Tag beobachte, wenn du magst, lerne, wenn du magst, und wachse, geliebtes Kind.

Alina stand zwischen diesen Säulen immer noch auf den höchsten Stufen des Tempels, zentriert, in sich selbst versunken, und doch waren ihre Augen wach. Sie konnte an dieser Stelle beides: sehen und tief in sich sein, in dieser Zentrierung. Sie war. Sie konnte die Herzen der Kinder, alle Energiefelder sehen und erspüren, ohne ihren Platz zu verlassen. Auch war sie in der Lage, in jeden einzelnen Tempelraum hineinzuschauen, hineinzufühlen und zu lernen, weiter zu lernen, und dabei zeigte sich wieder dieser Schwamm, der ihr eigen war, der alles aufsaugte, in sich aufnahm. Er war genau wie mein Feld ohne Grenzen, und das war richtig und ist etwas, das auch euch, in eurer Zeit, die ihr diese Zeilen lest, helfen kann.

Seid neugierig, geliebte Kinder, lernt und überprüft alles mit eurem Herzen. Lernt und wachst, denn nur so kann sich vieles wandeln, nur so könnt ihr der Menschheit helfen, die Erde zu heilen, um zurückzukehren ins Paradies auf Erden, in ein friedvolles, wertschätzendes Miteinander.

Ich, Selina, spürte auf einmal in meinem Körper eine große Leichtigkeit und ein inneres Wissen, dass alles, was sich jetzt entfalten würde, richtig ist. Es füllte mein Herz mit Freude. So ging ich nun von Tempelraum zu Tempelraum, blieb in jedem eine Weile als stille Beobachterin, und doch konnte ich das eine oder andere Mal nicht anders, als persönlich die Herzen der Kinder zu berühren. Es war so ein fröhliches, ein großes Miteinander in jedem Raum. Es war ein sich Bekanntmachen, ein Ausprobieren, ein In-Kontakt-Kommen. Die Menschen, die hierhergekommen waren, waren offen, waren neugierig. Sie ließen sich berühren, ließen sich erklären. Sie verstanden und nahmen alles in sich auf.

Am Ende des Tages kamen vereinzelt Menschen zu mir, Familien mit der Bitte, bleiben zu dürfen. Sie hatten in sich den Ruf gespürt, hier zu siedeln in der Energie des Herzens und ihre Aufgaben, ihr Handwerk, all das, was sie vorher schon getan hatten, jetzt auf diese andere Energie einzuschwingen.

Die Energie der Liebe, und so möchte ich dir, liebe Leserin, lieber Leser, ein Beispiel geben, wie es gemeint war und wie es dann im Großen hier an diesem Ort entstanden ist.

Der Weber webte das Tuch mit der Energie des Herzens, er webte also die Liebe hinein. Der Handwerker, der ein Möbelstück fertigte, schaute anders auf dieses Stück Holz, auf diesen Stein, und gab Wertschätzung hinein, und Liebe floss bei der Verarbeitung über seine Hände in das, was entstehen durfte. Der Bäcker, der das Brot backt, der Bauer, der sät und erntet und alles, was es auch in eurer Welt gibt, gab es, sofern es denn benötigt wurde, auch bei uns. All das, was es brauchte für eine Gemeinschaft, für ein Miteinander und zum Leben in einem irdischen Körper. So wuchs unsere Gemeinschaft, der Grundstein war gelegt.

An diesem einen Tag sollte noch viele gelegt werden, denn Wachstum ist Veränderung, ohne diese wäre es Stillstand, und so freute ich mich auf alles, was sich entfalten würde. Ich freute mich darauf, dass auch Menschen, die keine Priester werden wollten, aber neugierig waren und all das, was sie annehmen konnten und wollten, integrieren wollten in ihren Alltag, in ihre Arbeit, in ihr Miteinander.

Ich freute mich auf eine Gemeinschaft im Kleinen und im Großen. Ich freute mich auf die Vielfalt, die in der Energie der Liebe entstehen würde.

Irgendwann zog ich mich zurück, suchte die Stille, und so fand ich wieder diese verwunschene Tür, öffnete sie, ging hindurch und war auf dem Pfad, der mich hinaufführen würde zu Lefara und dem kleinen Tempel hoch über den Klippen.

Stille

Hier an diesem Ort, der nur mir gehörte, war eine andere Energie als im Tempel oder auch irgendwo sonst auf der Insel, auf dem Land, dem Teil von Atlantis, auf dem ich lebte. Hier war die Welt, die Energie rein, fast unschuldig, und doch von so großer Weisheit und großem Wissen geprägt.

So kam ich an am Ende des Pfades auf diesem Felsvorsprung über dem Meer und diesem kleinen, tempelähnlichen Pavillon.

Lefara war dort, und als ich hinunterblickte durch die Öffnung, konnte ich die Delfine sehen, drei an der Zahl, und sie schwammen ein Muster. Ihr kennt dieses Muster heute als keltischen Knoten. Auch damals war dieses Symbol für mich wichtig, denn in diesem Muster, diesem Symbol, war so viel enthalten. Hier webte sich die Energie der Delfine mit ihrer unendlichen Weisheit ein. Es webte sich die Energie des Einhorns hinein mit all der Wahrheit und dem Wissen, und es webten sich im Laufe der Zeit alle meine Erfahrungen, all das Erlebte hinein. Die Essenz dessen, was ich daraus gelernt, was ich entwickelt hatte, sodass es auch wie ein einziger Schlüssel zu einem großen Buch wurde, das ich begonnen hatte zu schreiben. Ich füllte es mit allem, was ich erlebt hatte, und so diente es mir so manches Mal als Gedächtnis. Beim Zurückblättern konnte ich hineinspüren, um den roten Faden zu erkennen, um zu erkennen, wie alles miteinander verwoben war, sich berührte, um wieder auseinanderzugehen und etwas Neues zu kreieren. So, wie es jetzt gerade entstand.

Ich schaute auf das Meer, schaute der Sonne beim Untergehen zu, verabschiedete den Tag und begrüßte die Nacht und das Mondlicht. Die Energie des Mondes umhüllte mich und half meinem Energiefeld, zur Ruhe zu kommen. In dieser Ruhe berührte mich Lefara mit ihrem Horn und aktivierte weitere Lichtkristalle in meiner Wirbelsäule. Alles webte sich ein in meine spirituelle DNA und hob meine Energie noch einmal an.

Wisse, geliebtes Kind, Wachstum kennt keine Grenzen. Alle Begrenzung, die du auf deinem Weg spürst, dient dir als Erkenntnis und wartet auf Transformation.

So saß ich da in Stille und spürte die Aktivierung und Schwingungen in meinem ganzen Sein. Irgendwann wurde in meinem Körper alles still, da er eins geworden war mit allem, was an Einweihung zu mir gekommen war.

So öffnete ich meine Augen wieder und blickte hinaus auf das Meer, welches genauso still da zu liegen schien im Licht des Mondes. Ich öffnete mein Drittes Auge, und es geschah wie von selbst, dass sich das Fenster öffnete, durch das ich hineinschauen konnte auf das, was entstehen würde, hier, auf diesem Teil von Atlantis. Ich konnte sehen, wie die Menschen begannen, kleine Gemeinschaften in Form von Dörfern zu errichten, und ich konnte ihre Freude und ihre zunehmende Herzensenergie spüren. Ich konnte sehen, wie Handwerk entstand und ein wunderbares Miteinander. Alles war gut so, wie es entstehen würde, und so gab ich mit meinem Herzen mein Ja.

Ich schaute weiter und konnte sehen, wie das Land sich weiter aus dem Meer heraus erhob, damit noch mehr Wachstum und Besiedelung entstehen konnten. So wendete ich meinen Blick hinauf, sodass ich auf das Land von dort aus schauen konnte, erkennen konnte, wie viel Wachstum, wie viel Besiedelung ich zulassen konnte, ohne dass das Gleichgewicht gestört wurde. Ja, es füllte mein Herz mit Freude, dies alles zu betrachten, und so lehnte ich mich zurück, schaute noch eine Weile über das Meer und blieb in der Stille bis zum Morgen.

Als der Mond sich zurückzog und die ersten Sonnenstrahlen sich zeigten, erwachte ich. Ich stand auf und fühlte mich in meinem eigenen Wachstum, in der Größe, die ich über diese Einweihung in der Nacht erhalten hatte. So atmete ich ein, und atmete aus. Ich konnte an diesem Morgen alles, was entstehen würde, mit ganzem Herzen bejahen.

So ging ich den Pfad wieder hinunter in Richtung Tempelanlage, und mit jedem Schritt, den ich tat, bejahte ich, bejahte ich die Besiedelung außerhalb des Tempels, und mit jedem Ja wuchsen die Liebe und die Freude in mir so unendlich.

Unten angekommen, öffnete ich die verborgene Tür, schritt hindurch und atmete die Energie des Tempels. Ich blieb eine Weile hier so stehen, um zu spüren und anzukommen. Noch war es früh, und der Tag begann erst zu erwachen.

Ich schritt hinaus und rief mit meinem Herzen die Priesterinnen des Tempels zu mir. Sie kamen an diesem Morgen in der gleichen inneren Ausrichtung, die auch in mir war, und ich konnte in ihren Energiefeldern sehen, dass auch in ihnen neue Energien schwangen und Lichtkristalle aktiviert waren. Wir brauchten es an jenem Morgen nicht mehr auszusprechen, denn unsere Herzen berührten sich und tauschen die Informationen der Nacht miteinander aus. Eine jede hatte ähnliche Visionen gehabt wie ich, und eine jede konnte es mit ihrem Herzen bejahen.

So standen wir im Kreis, hielten uns an den Händen und kommunizierten mit der Energie unserer Herzen. Wir versanken gemeinsam in der Stille und Meditation.

Wenn du, liebes Kind, das du diese Zeilen liest, dich darauf einlassen magst, lade ich dich an diese Stelle ein, in unsere Mitte zu kommen, um zu spüren.

Schließe deine Augen und begib dich mit deinem Bewusstsein in unsere Mitte. Stell dich hinein, zentriere dich. Dann lass deine Wurzeln hineinwachsen in die Erde, in die Matrix unserer Wurzeln, die miteinander verwoben sind. Vertraue, dass deine Wurzeln genau dort Halt finden, wo es für dich wichtig ist. Dann spüre, wie du immer mehr hineinwachsen kannst in unsere Gemeinschaft. Spüre, wie unsere Energien dich nähren, dich öffnen und Lehrer und Wegweiser sein können in deinem Leben.

Dann spüre unsere Herzensenergie, die jetzt zu deinem Herzen fließt, um deinen Herzkristall zu aktivieren.

Wisse, es geschieht nichts, zu dem du nicht dein Ja gesprochen hast, und wisse, die Energien werden immer nur so zu dir kommen, wie dein System es annehmen kann.

Wann immer du, liebes Kind, so weit bist, um zu wachsen, komm zu uns und bitte uns, dich auf die nächste Entwicklungsstufe zu begleiten und zu stellen.

Spüre alles, was jetzt in dir fließt, spüre die Ruhe, aus der alles Wissen und alle Kraft geboren werden. Fühle dein ICH BIN, dein Ja zu deinem irdischen Leben und zu deinem Weg.

Wann immer du Hilfe brauchst, um etwas zu erkennen und zu wandeln, rufe uns, rufe die Gemeinschaft des Tempels, und diejenige unter uns, die dich führen kann, wird zu dir kommen.

Du bist unendlich geliebt und niemals allein. Vertraue, und alles wird sich so entfalten, wie es für dich und deinen Weg wichtig ist.

Irgendwann kehrten wir zurück, tauchten auf aus tiefer Meditation und öffneten unsere Augen. Vor uns auf den Stufen des Tempels hatten sich unsere Schülerinnen und Schüler eingefunden, und dahinter warteten ein wenig zögerlich, ja, fast ängstlich, die Menschen, die uns bitten würden, dableiben zu dürfen. Wie von selbst winkten wir alle mit unseren Händen. Wir winkten diese Menschen zu uns, und wir baten sie, Platz zu nehmen zwischen den Schülern. Wir gingen gemeinsam die drei Stufen hinunter, schritten durch die Reihen, um sie persönlich zu begrüßen und sie willkommen zu heißen auf diesem Stückchen Land, auf dem wir lebten. Auch unseren Schülern und Schülerinnen teilten wir mit, dass diese Menschen jetzt ein Teil unserer Gemeinschaft sein würden und sie, wenn auch mit Abstand zu unserem Tempel, hier ihr Zuhause errichten würden.

Große Freude und Lebendigkeit entstanden, und so baten uns unsere Schüler und Schülerinnen, ob sie helfen durften. Diese Bitte konnte ich mit ganzem Herzen bejahen, denn wir alle wollten mitwirken, wollten teilhaben am Entstehen der Dorfgemeinschaften.

So verbrachten wir einen großen Teil des Tages damit, mit den Menschen zu sprechen. Wir ließen uns von ihrer Lebensweise erzählen und von dem, was sie hier gerne tun würden. So ergab es sich fast wie von selbst, welche Energie zu welcher Familie, zu welchem Vorhaben passen würde. Wie von selbst wurde das Stück Land gefunden, das das Handwerk unterstützen würde.

Am Ende des Tages hatte jede Familie einen Platz, der optimal zu ihr passte. Für die Errichtung der Gebäude wurden die Himmelsrichtungen mit einbezogen, denn auch sie waren für ein gutes Gelingen wichtig.

Lieber Leser, liebe Leserin, du fragst dich jetzt vielleicht, wie das gemeint sein könnte und wie Himmelsrichtungen die Energien unterstützen. So möchte ich dir ein Beispiel geben.

Stell dir vor, eine Familie ist Bäcker. Ihr Tagewerk beginnt sehr früh, da das Brot gebacken sein möchte, bevor die Menschen erwachen. So frage ich dich, in welcher Himmelsrichtung erwacht der Tag? In welcher Himmelsrichtung geht die Sonne auf und erleichtert somit dem Bäcker sein Handwerk? Kannst du es verstehen, warum es die Energie des Bäckers unterstützt, wenn seine Backstube nach Osten schaut?

Wenn dein Zuhause von mehreren Himmelsrichtungen aus beschienen wird, kannst auch du ins Erforschen gehen, indem du, Zimmer für Zimmer, ins Fühlen gehst. Ist es das Zimmer im Osten, in dem du dich am wohlsten fühlst? Ist es das Zimmer im Westen, im Süden oder Norden? So kannst du herausfinden, welches Zimmer für dich die optimale Energie trägt für das, was du darin tun möchtest. Du erkennst, dass all das, immer und zu jeder Zeit und in allen Zeiten, Gültigkeit hat.

In diesen Tagen, in denen die Dörfer entstanden, habe ich so manches Mal die Regenbogenbrücken über das Meer gespannt, damit die Menschen das, was sie benötigten, das, was sie mitbringen wollten, leicht transportieren konnten. Und so fanden nicht nur Gegenstände und Tiere den Weg zu uns, sondern viele weitere Menschen, die in der Energie des Herzens leben wollten und hier ihr Zuhause fanden.

Nach einiger Zeit, als alles seinen Weg ging und einer gewissen Ordnung folgte, kehrten auch die Schüler und Schülerinnen in den Tempel zurück. Mit der Zeit entstanden, ihr würdet es in eurer heutigen Zeit als „Öffnungszeiten" bezeichnen, Zeiten, da die Tempelanlage für sich war, und es gab Zeiten, da sie sich öffnete für die Menschen. So konnten wir die Energien des Tempels bewahren.

Es entstand ein wunderbares Miteinander. Wir alle konnten voneinander lernen, und wir konnten sehen, dass auch das „Alltägliche" in der Energie des Herzens schwang.

Viele, viele Jahre lang lebten wir in dieser Gemeinschaft in vollkommener Harmonie. Ein jeder war wichtig, ein jeder wurde in seiner Einzigartigkeit gesehen. In dieser goldenen Zeit von Atlantis gab es keine Wertung, denn für uns waren wir alle gleich. Jeder wirkte mit seinen Gaben auf dem Platz, der ihm gegeben wurde.

Kannst du, lieber Leser, liebe Leserin, dir das vorstellen, wie so etwas sein kann und wie es sich anfühlen könnte?

Kannst du dir vorstellen, wie die Erde und die Gemeinschaft, in der du in deiner Jetztzeit lebst, sein könnte, wenn niemand mehr werten, urteilen oder verurteilen würde?

Wenn ein jeder Mensch glücklich wäre mit dem, was er tut, und für einen jeden Menschen gesorgt wäre, sodass es an nichts mangelt?

In dieser goldenen Zeit von Atlantis, als alles errichtet war, eingerichtet war, hatten wir das Paradies auf Erden. Wir lebten Gemeinschaft im Kleinen wie im Großen. Jeder hatte eine Aufgabe und fand seine Erfüllung darin. Es war selbstverständlich, dass alle Gaben, die entdeckt wurden in einem Menschen, in einem Kind, gefördert wurden. Und so entstand hier, auf diesem Teil, auf dem ich lebte, eine Schule für die Kinder, aber auch so etwas wie Sprechstunden in den einzelnen Tempelräumen für alle anderen. Alles war auf Wachstum und Entwicklung ausgerichtet, und alles, was es dafür brauchte, wurde den Menschen zuteil.

Der Tempel des Herzens hatte sich geöffnet. Seine Energie entfaltete sich wie der Ozean über das Land, in den Menschen, die damit berührt wurden. So konnte ich, Selina, mich langsam zurückziehen, denn es war für lange Zeit alles getan. Ich verließ meinen Körper und kehrte zurück in die Lichtreiche Lemurias, von wo aus ich weiter wirkte.

Abschlussworte von Selina

Liebe Seele, ich danke dir für dein Vertrauen, und ich hoffe, dass meine Worte dein Herz und den Teil in dir, der zu Atlantis gehört, berührt haben.

In deiner Zeit ist es eure Aufgabe, die Dinge umzukehren. Es ist eure Aufgabe, für euch selbst und dann im Kleinen und Großen alles in die Wandlung zu bringen, was nicht in der Liebe, nicht in der Wertschätzung und Achtung schwingt.

Es ist eure Aufgabe, euer Bewusstsein zu erweitern, eure Fähigkeiten wieder zu euch zu holen und sie im Licht einzusetzen. Es ist eure Aufgabe, sichtbar zu werden, aufzustehen und mitzuwirken am Aufstieg der Erde.

Es ist eure Aufgabe, alte Strukturen aufzuweichen. Es ist eure Aufgabe, den Menschen zu helfen, das Alte loszulassen, damit Neues entstehen kann.

Es ist eure Aufgabe, den Jüngeren und den Kindern und Kindeskindern die Wege zu ebnen, damit ihre Energien frei schwingen und sich entfalten können.

So nimm meinen Segen für deinen Weg und wisse, wann immer du mich und die Priesterinnen meines Tempels rufst, wir sind da!

Wann immer du Hilfe, Erkenntnis, Schulung benötigst, reise mit deinem Bewusstsein in die einzelnen Räume der Tempel, und es wird dir alles zuteil, was du benötigst, um weiter voranzuschreiten auf deinem Weg.

Ich bin die Hohepriesterin der Herzensenergie von Atlantis, und wenn du so weit bist, werde ich dich weiter einweihen in die Mysterien meines Tempels. Ich werde deinen Herzenskristall weiter aktivieren und mit dem Allerheiligsten verbinden.

In tiefer Verbundenheit und Liebe,
Selina.

Über die Autorin

Birgit Bosbach wurde 1964 in einem kleinen Dorf in der Nähe von Aachen geboren.

Durch eine große Lebenskrise begann sie mit Anfang 40, ihr Leben neu zu gestalten. Der Ruf ihrer Seele wurde immer lauter, und so folgte sie ihrer inneren Stimme und fand ihre Berufung als Heilerin.

Heute lebt sie mit ihrem Mann Uli in einem kleinen Eifelort zwischen Aachen und Köln, den sie liebevoll „OM" nennen. Es ist ihre Lebensaufgabe geworden, Menschen durch Lebenskrisen zu begleiten und ihre seelischen Verletzungen aufzulösen. Sie an die Hand zu nehmen und auf ihren Weg zu führen.

Birgit arbeitet als Coach, Medium, Heilerin und spirituelle Lehrerin. Seit 2015 bildet sie gemeinsam mit ihrem Mann Uli Menschen im geistigen Heilen aus.

Leseprobe
(Aus Toularion - Entfache dein atlantisches Feuer)

Toularion ist wie ein Wirbelwind in mein Leben getreten und hat einige Lawinen ins Rollen gebracht. Grundsätzlich also eine Veränderungsenergie, die man nicht unterschätzen sollte.

Ich bin ihm dankbar und glaube, dass er maßgeblich am beruflichen Ankommen in meinem Leben beteiligt ist. Eines Tages, nach vier anstrengenden Sitzungen und auf dem Nachhauseweg, bin ich über mich selbst erschrocken. Die ganzen Jahre war ich glücklich, meine Berufung ausleben zu dürfen, und jetzt war ich auf einmal dauermüde, meine Begeisterung für meine Arbeit und mein inneres Feuer fehlten. Was war nur los? Ich verstand die Welt nicht mehr. Hatte ich zu viel gearbeitet? Mich ausgepowert? Sicherlich, manchmal hatte ich keinen Ruhetag in der Woche, da es zahlreiche Anfragen nach Einzelsitzungen gab. Inzwischen schickten mir sogar Ärzte ihre Patienten, wenn sie nicht mehr weiterwussten, und baten mich, die seelische Ursache abzuklopfen. Das war ein kleines Wunder für mich, ein Geschenk. Irgendwie schien mir alles mühelos in den Schoß zu fallen.

Ich verstand mich selbst nicht mehr. Jahrelang hatte ich auf diesen Moment hingefiebert, mir den Erfolg so sehr gewünscht, und jetzt fühlte ich mich leer und ausgebrannt. Hatte ich meiner Seele nicht mehr zugehört?

Spontan gönnte ich mir einen freien Nachmittag und lief am Rhein entlang, und dann war es auf einmal wie so oft: Kaum war ich am fließenden Wasser, konnte ich Toularion intensiv spüren. Seine Präsenz gab mir Geborgenheit, und ich wurde zusehends ruhiger.

Es dauerte nicht lange, und eine Kommunikation zwischen uns begann, die mich zum Nachdenken brachte und meine bisherige Denkweise völlig über den Haufen warf.

Ich verstand, warum ich mich so leer fühlte, und ich glaube, es geht vielen Menschen so: Man hat das Gefühl, eigentlich glücklich und dankbar sein zu müssen, aber ist alles andere als das.

Und in dem Moment wurde mir klar, was mit mir los war: Ich fühlte mich schuldig. Aber warum? Alles, worauf ich hingearbeitet hatte, war da. Viele Heiler oder mediale Menschen wären glücklich, wenn sie so ausgebucht wären, wie ich es derzeit bin. Und trotzdem fühlte ich mich nicht mehr erfüllt. Und das löste bei mir Schuldgefühle aus, aber auch eine gewisse Trauer. Hatte ich doch jahrelang gedacht: Wenn ich das und jenes erreicht habe, werde ich glücklich sein.

Hatte ich mich auf dem Weg dahin besser gefühlt? Diese Bestandsaufnahme mit all diesen Fragen geisterte mir ständig durch den Kopf. War ich schlicht und ergreifend undankbar? Ein niederschmetterndes Urteil für einen Menschen, der doch eigentlich im Einklang mit seiner Seele sein sollte.

Während ich so am Wasser entlanglief, rasten alle diese Gedanken durch meinen Kopf. Und natürlich lag es nahe, Toularion dazu zu befragen. Die Antwort war so simpel wie erstaunlich:

Geliebtes Menschenkind,

zielstrebig hattest du jahrelang ein Ziel vor Augen, vielen Menschen helfen und erfolgreich sein zu wollen. Dafür hast DU regelrecht gebrannt, alles gegeben. Immer ein Ziel vor Augen. Doch jetzt? Wo ist dein Ziel jetzt? Brennst du noch für ein Ziel?

Darin liegt der Schlüssel von glücklichen und erfolgreichen Menschen: Sie setzen sich immer Ziele, oft auch Ziele, von denen sie selbst nicht unbedingt glauben, sie erreichen zu können. Diese Ziele brauchen Visionen, innere Filme, die immer wieder vor ihren inneren Augen ablaufen.

Wenn ein Mensch keine Ziele mehr hat, stagniert er. Das Herzgefühl verblasst, verliert die Energie. Menschenkinder werden müde. Genauso, wie du es gerade erlebst. Du grübelst an der falschen Stelle. Über Dankbarkeit und Perfektion zu grübeln löst Schuldgefühle aus. Das ist eine Abwärtsspirale, die jede Pflanze der Intuition im Keim erstickt.

Träume sind die tiefe Essenz der Seele. Wer sich keine Zeit für Träume mehr nimmt, erstickt seine innere Flamme. Der Körper rebelliert, die Seele rebelliert, um dich wieder auf deinen Weg zu bringen. Höre hin, wo siehst du dich in fünf Jahren? Was möchtest DU wirklich noch erreichen, wofür schlägt dein goldenes Herz? Gehe in dich, erlaube dir zu träumen, und du wirst sehen, sobald ein Ziel hinter all deinem Wirken steckt, kommt die Leichtigkeit zurück, und die Stagnation löst sich wie von Zauberhand.

Toularion (August 2019)

Das brachte mich nun wirklich ins Grübeln. Aber: Hand aufs Herz, es stimmte. Ich hatte kein Ziel mehr vor Augen, sondern ließ mich treiben. Ich verstand sehr wohl, was Toularion mir da sagen wollte. Aber wie spürt man, wofür man wirklich brennt? Na klar, das Herz muss vor Freude tanzen. Diese Aussage kannte ich schon. Aber bitte, wie komme ich dann zum Punkt? Woher weiß ich, was mein Herz zum Tanzen bringt?

Mir war klar, dass meine Hawaii-Reise, die mir lange durch

den Kopf spukte, genauso wenig wie der Wunsch, viel Geld zu haben, wichtige Ziele sind. Geldverdienen war lange Jahre ein sehr wichtiges Thema, hatte ich doch noch all die Glaubenssätze im Ohr, als ich meine Beamtenlaufbahn auf-gab. Wie oft musste ich von Menschen, die mir nahestanden, hören: „Wovon willst du leben? Wie soll das alles weitergehen?"

Genau jetzt, in diesem Moment, während ich das hier schreibe, habe ich das große Glück, dass Geld keine Bedeutung mehr für mich hat. War das schon wieder falsch formuliert? Musste ich es in etwa so formulieren: Ziel muss es sein, Geld mit Freude zu verdienen? Oder? Ich war ratlos. Ich erkannte das Potenzial von Toularions Rat, hätte aber jetzt gerne eine Anleitung gehabt, wie ich das ideale Ziel finden könnte. Konnte ich wirklich so vernagelt sein?

In mir arbeitete es wie verrückt. Ich erschrak, als mir bewusst wurde, dass ich kein klares Ziel mehr vor Augen hatte. Und jetzt? Was wollte mir das alles sagen? Mich begann zu interessieren, wie andere damit umgingen. Und so fragte ich an einem Seminarabend meine Teilnehmer, ob sie denn noch ein wirkliches Ziel vor Augen hätten. Es war spannend, was sich hier zeigte. Allen, denen das klare Ziel vor Augen fehlte, hatten das Gefühl, in mindestens zwei Lebensbereichen zu stagnieren. Die, die von sich sagen konnten, sie hätten ein großes Ziel vor Augen, lächelten nur darüber.

Mir ist klar, dass die Zusammensetzung der Teilnehmer an diesem Abend ein zufälliges Bild abgab und das hier definitiv keine wissenschaftliche Studie oder eine repräsentative Umfrage war. Und doch empfand ich das Ergebnis als spannend. Blieb wieder nur die Frage: Wie findet man dieses große Ziel?

Das Leben eines Menschen dreht sich hauptsächlich um diese fünf Bereiche:

- Liebe (inkl. Familie),
- Finanzen,
- Beruf/Berufung,
- Spiritualität/Weiterentwicklung,
- Gesundheit inkl. Sport.

Das sind die fünf hautsächlichen Lebensfelder eines Mitteleuropäers.

Stell dir vor, du stehst in allen fünf Bereichen in den nächsten fünf Jahren noch an der gleichen Stelle. Wie fühlt sich das für dich an? Möchtest du wirklich keinen dieser Bereiche verändern? Hüpft dein Herz vor Freude, wenn du an die nächsten fünf Jahre denkst, oder hast du dich einfach arrangiert? Bitte sei hier ganz ehrlich zu dir, denn es geht einzig und allein um dich und dein Vorankommen. Und sich zu arrangieren ist ein klarer Hinweis, dass es noch besser geht.

Schreib dir bitte jetzt auf, an welchen Stellen du unbedingt Veränderung brauchst.

Setz dich einen Moment bewusst auf einen Stuhl. Nennen wir es den „Stuhl des Neuanfangs".

Schreibe dir jetzt mit den Fingern die Zahl 232 auf den Herzbereich und bitte Toularion und den Hohen Rat, dir jetzt bewusst und intensiv das Herz zu öffnen. Alle alten Narben im Herzbereich dürfen sich jetzt zurückziehen, die Schutzmauer um dein Herz darf sich für den Moment auflösen. Und jetzt stell dir bitte vor deinem inneren Auge eine Bühne vor. Es ist die Bühne deines Lebens.

Nimm dir jetzt bitte den ersten Bereich – die Liebe – vor. Bitte begrenze sie nicht nur auf Partnerschaft, sondern setze auch Familie und Freundschaften mit hinein. Wie reagiert dein Herz, wenn du dir die aktuelle Situation anschaust? Fehlt das große Kribbeln? Dann lade die betreffenden Personen auf die Bühne ein und verändere euer Miteinander. Male es dir in den schönsten Farben aus, genauso, wie du es gerade brauchst, um deine Flügel auszubreiten. Was ist der absolute Idealzustand für dich? Sobald du die beste Vision auf dieser Bühne hast, lade Toularion und deinen atlantischen Geistführer ein. Bitte sie, deine Vision mit Atlantisenergie aufzuladen und an das Universum zu schicken.

Mache das Schritt für Schritt mit jedem der fünf Lebensfelder. Achtung! Setze die Ziele richtig hoch. Nicht kleckern, sondern klotzen. Das ist wirklich wichtig. Das Bild auf deiner Bühne muss dir Freude machen, muss kribbeln im Bauch. Dann ist es genau richtig und der beste Weg, wieder auf Erfolgskurs zu kommen. Wiederhole diese Übungen, wann immer du dein Ziel vor Augen verlierst. Denk daran: Ein klares Ziel verleiht dem Leben Flügel.

Im Übrigen zeigte sich in meinem Fall ganz schnell, dass Toularion recht hatte.

Kaum hatte ich wieder Ziele definiert, ging es auch zügig voran, und die Hülle der Verzweiflung verschwand. Manchmal bin ich immer noch verblüfft, wie passend so ein Rat aus dem alten Atlantis für unsere neue Zeit sein kann.

Und Toularion hatte sogar noch einen Hinweis:

„Wenn du trotz aller Überlegungen kein Ziel vor Augen hast, dann konzentriere dich auf einen karitativen Zweck, die Umwelt oder Projekte für Kinder. Setze dir hier Ziele, bringe dich hier ein.

Das kann der Auslöser sein, um eine Stagnation zu beenden."

Die atlantischen Akupressurpunkte

In der Vergangenheit hatten sich diese Punkte als äußerst hilfreich herausgestellt, und ich habe sie bereits in einigen Büchern beschrieben. Dennoch werde ich im nächsten Kapitel die wichtigsten Punkte noch einmal zusammenfassen und auch den neuen Punkt mit einbringen.

Liebe treue Leserinnen und Leser: Bitte verzeiht mir diese kleine Wiederholung. Doch ich glaube, dass man auf diese Punkte nicht oft genug hinweisen kann, da sie so einfach anzuwenden sind und das Leben so erleichtern können.

Abtrennpunkt

In der Kuhle im Nacken mit dem Zeigefinger mit sanftem Druck kreisende Bewegungen machen, die Richtung spielt dabei keine Rolle. Bitte dabei folgende Worte sprechen: „Ich trenne alles ab, was nicht zu mir gehört."

Empfiehlt sich besonders vor dem Schlafengehen und nach jedem negativen Erlebnis (Ärger, Streit, Energieräuber...).

Aktivierung der Spiritualität

Dieser Punkt ist an der linken Hand zwischen Zeigefinger und Ringfinger zu finden. Den rechten Zeigefinger genau auf diese Stelle legen und kreisende Bewegungen machen. Vorsicht! Bei vielen Menschen ist das im ersten Moment kurz schmerzhaft. Die spirituelle Blockade ist leider oft körperlich spürbar.

Angstpunkt

Die linke Hand mit der Handfläche nach oben drehen. Die

obere Fingerkuppe des linken Zeigefingers mit dem rechten Zeigefinger mit sanftem Druck massieren. Dabei die Angst benennen, begrüßen und bewusst verabschieden. Dies bitte mehrmals wiederholen. Eine ganz liebe Freundin hat so ihre Tunnelphobie besiegt.

Klarheitspunkt

Ich gebe zu, er ist etwas schwieriger zu finden. Aber er hat sich in der Vergangenheit als sehr hilfreich erwiesen. Insbesondere wenn es im Kontakt zu der Geistigen Welt mal klemmt und man das Gefühl hat, keine Anbindung zu haben.

Miss mit Daumen und Zeigefinger die obere Fingerkuppe der linken Hand (ohne Nagel!) ab.

Lege dann den linken Arm seitlich vor dich. Dort, wo das Handgelenk beginnt, legst du die abgemessene Länge an. Dort, wo der Daumen jetzt auftrifft, befindet sich der sogenannte Klarheitspunkt. Klingt komplizierter als es ist. Am Klarheitspunkt mit dem Zeigefinger kreisende Bewegungen machen und bewusst tief ein- und ausatmen. Die Klarheit ist sofort spürbar.

Löschung der Negativität

Ein Punkt, der wieder leichter zu finden ist. Wenn du dich bei einem negativen Gedanken erwischst, mit Zeigefinger und Mittelfinger dreimal sachte auf den Hinterkopf in Höhe der Hirnanhangdrüse klopfen.

Als wir das mit einem Aurabild festgehalten haben, hat sich die Aura nach dem Klopfen wellenförmig verändert . Die Aura weitete sich aus, und zartes Weiß durchzog diese Region. Super spannend, da zwischen dem erstem und dem zweiten Bild nach dem Klopfen des Akupressurpunktes lediglich 23 Sekunden lagen. Der Hinterkopf fühlt sich auch sofort freier an. Sehr, sehr spannend. Man muss den Negativsatz auch nicht wiederholen, sondern einfach wegklopfen.

Loslasspunkt

Loslassen fällt uns ja allen irgendwie schwer. Konzentrie-re dich auf den Menschen oder das Thema, den bzw. das du wirklich loslassen möchtest. Damit öffnest du dich für die entsprechende Energie in deinem Energiefeld. Berühre jetzt mit jeweils einem Zeigefinger gleichzeitig direkt den Punkt am Kopf, wo das jeweilige Ohr angewachsen ist, und mache dabei mit sanftem Druck kreisende Bewegungen. Sage dir dazu im Kopf: „Ich lasse dich in Liebe und Dankbarkeit los."

Und wie von Zauberhand werden es von Mal zu Mal mehr Punkte. Ich bin dankbar und freue mich immer, wenn ich von euch höre oder gar sehe, wie ihr sie anwendet. Diese kleinen Punkte haben eine riesige Wirkung.

Die Blitzheilung für dich selbst

Wichtig:

Jede Krankheit hat eine seelische Ursache! Diese Methode lindert nur die körperlichen Symptome, nicht aber die seelischen. Und sie ersetzt auch keinen Arztbesuch und sagt auch NICHT aus, dass du alle Medikamente absetzen kannst.

Stelle dich ganz entspannt hin und atme tief und bewusst in deinen Bauch hinein. Je lockerer und entspannter du bist, desto leichter wird dir alles fallen.

Bitte jetzt Toularion, hinter dir dein Energiefeld zu betreten, und halte einen Moment inne. Was spürst du?

Viele Menschen spüren Kälte oder Wärme, ein sanftes Kribbeln, wieder andere spüren einfach instinktiv, dass ER da ist. Ruft man ihn in der Gruppe, spürt man seine Energie meistens noch viel intensiver. Bei Vorträgen ist das für viele immer das erste AHA-Erlebnis. Hier fällt es auch den meisten Menschen sehr leicht, die im Verstand zu Hause sind. Solltest du ihn nicht spüren, fahre einfach mit den weiteren Übungsschritten fort. Wichtig ist: Nicht beirren lassen! Manchmal erwartet man einfach zu viel und baut einen inneren Druck auf. Übung macht den Meister, und mit der Zeit wirst du Toularion immer deutlicher in deinem Energiefeld spüren. Mach dir klar, dass es nicht wirklich um das Spüren geht, sondern um den Heilerfolg dahinter.

Bitte Toularion jetzt, dir eine Zahl zu diktieren. Der erste Impuls, den du erhältst, ist richtig. Er ist noch nicht vom Verstand überlagert. Da in diesen Zeilen Toularions Energie steckt, kann es auch passieren, dass du bereits beim Lesen Zahlen bekommst, obwohl du noch gar nicht mit ihm verbunden bist. Diese Zahl ist meistens ein- bis fünfstellig, in seltenen Fällen auch länger. Lass dich auch hier nicht in Schablonen pressen. Hör auf dein Bauchgefühl, Toularion hilft dir dabei.

Merke dir diese Zahl jetzt und frage Toularion, auf welchen Körperteil du sie schreiben sollst. Hast du Sorge, dir diese Zahl nicht merken zu können, lege dir am Anfang Papier und Bleistift bereit. Sei dir aber gewiss: Das brauchst du nur am Anfang.

Nimm jetzt deinen Zeigefinger und schreibe dir die Zahl auf den genannten Körperteil so, wie DU (ganz wichtig) es für richtig hältst. Konzentriere dich dann wieder kurz auf Toularion und frage ihn, ob du eine weitere Zahl benö-tigst. Falls ja, fahre fort wie bisher. Falls nein, bedanke dich bitte herzlich bei Toularion und entlasse ihn wieder aus deinem Energiefeld.

So einfach ist das Grundgerüst. Und mal ehrlich: Sich seiner Kopfschmerzen mit einer Atlantiszahl zu entledigen ist doch bedeutend schneller, als eine entsprechende Tablette einzuwerfen. Nebenwirkungen hat die Zahlenmethode übrigens keine! Hast du beim Ausprobieren etwas zu verlieren?

Übrigens hat die Vergangenheit gezeigt: Je schneller Migränepatienten auf die ersten Anzeichen ihres Körpers reagieren und sich eine entsprechende Zahl geben, desto unwahrscheinlicher ist es, dass sich die Migräneattacke festsetzen kann. Interessant für mich daran war, dass bei den Migräne-„Versuchskaninchen" die Zeitabstände zwischen den Migräneanfällen immer länger wurden beziehungsweise die Anfälle bei manchen gar nicht mehr erschienen.

Wenn das nicht Mut macht, mit Vertrauen an die Sache heranzugehen...

Für alle, die hiermit nicht zurechtkommen oder noch keinen Erfolg zu vermelden haben: Nicht verzagen! Die Trickkis-te mit den Geheimtipps folgt auf den nächsten Seiten.

Kleiner Zahlenkatalog

Hier einige gängige Zahlen für alle, die sich am Anfang das Channeln einer eigenen Zahl nicht wirklich zutrauen und erst mit vorgegebenen Zahlen üben wollen.

Aber Achtung:

Es handelt sich um allgemeine Zahlen, aber individuelle Zahlen wirken immer schneller und noch erfolgreicher. Die vorgegebenen Zahlen dienen einfach dazu, sich mit der Methode vertraut zu machen und Sicherheit zu gewinnen. In etwa so, wie ein Fahrsicherheitstraining beim Autofahren. Stures Auswendiglernen von Zahlen ist bei dieser Methode auf keinen Fall erwünscht. Sie soll Leichtigkeit in dein Leben bringen und nicht mit großer Arbeit verbunden sein.

Hand aufs Herz: Wer möchte schon zig Zahlenreihen und ihre Bedeutungen auswendig lernen? Oder, noch schlimmer: beim Heilen nur mit einem Büchlein agieren können? Diese Zahlen sind wendig und spritzig – nutze dieses Potenzial! Trau dich und klebe jetzt nicht an diesen paar Zahlen hier fest.

100 auf die Stirn
Konzentration auf das Wesentliche. Kleiner Kniff vor anstehenden Prüfungen, aber auch einfach vor einer Meditation, um Ablenkungen von außen leichter auszublenden.

219 auf den rechten Puls
Der „Fitmacher" bei Müdigkeit oder Energielosigkeit. Sozusagen der Zahlen-Koffein-Schub.

333 auf das linke Schulterblatt
Die Notfallnummer bei starker Trauer. Wirkt sehr beruhigend, und man fühlt sich wie in Watte gepackt. Bitte geh sparsam mit dieser kraftvollen Zahl um, da sie wirklich nur begrenzt wirken kann.

411 hinter das linke Ohr
Die schnelle Notfallzahl, wenn sich eine Migräne ankündigt. Herzlichen Dank an die Menschen, die mit dieser Nummer für mich geübt haben.

743 auf die Fußsohle
Sofortige Erdung und der Ruhepunkt.

932 – der Schmerzstiller
Bitte ca. drei cm über dem Po, mittig auf die Wirbelsäule. Diesen Punkt nennt Toularion den zentralen Nervenpunkt, in dem unsere ganze alte Atlantis-Heilkraft gespeichert wird. Hierauf zu schreiben stößt den Heilungsprozess schleunigst an und beginnt, die Schmerzen zu lindern. Allerdings an dieser Stelle noch einmal, weil es so wichtig ist:

Eigene, individuelle Zahlen wirken schneller und noch effektiver!

24118 auf einen Zettel unter das Kopfkissen
Ich kann es bis heute kaum glauben, aber es funktioniert. Es gibt eine Zahl für ruhigen, erholsamen Schlaf...

Buchempfehlungen

Silke Wagner
Toularion – Entfache dein atlantisches Feuer
Ca. 128 Seiten, A 5, broschiert
ISBN 978-3-95531-191-9

Toularion, der atlantische Geistführer, gibt praktische Tipps und Übungen aus seiner Schatzkiste. Es geht nicht nur darum, die Sehnsuchtsschublade in uns zu öffnen, sondern auch, hinter unsere eigenen Masken blicken. Wer bin ich oder, noch wichtiger: Wo möchte ich hin? Will ich in fünf Jahren noch genau das gleiche Leben wie jetzt leben? Oder ist es Zeit, nochmals Gas zu geben?
Unser Leben nicht absitzen, sondern aktiv ins Positive bringen. Das kann jeder von uns schaffen, wenn wir beginnen, die Ärmel hochzukrempeln und zu erkennen, dass wir alle Hilfe von der Geistigen Welt haben, wenn wir unseren wahren Weg finden möchten. Toularion ruft uns alle auf, mit in das Glück zu segeln.
Bist du, ja, genau du, jetzt wirklich bereit, aus alten Mustern und Rollen zu schlüpfen? Dann lädt dich dieses Buch ein, dein Leben in die Hand zu nehmen. UND ZWAR JETZT – nicht morgen oder gar übermorgen.
Als kleine Zugabe ist hier nochmals die atlantische Blitzheilung enthalten.

Birgit Bosbach
Seelenreise mit dem Einhorn Theora
128 Seiten, Small Edition, broschiert
Mit wunderschönen vierfarbigen Abbildungen
ISBN 978-3-95531-168-1

Dieses Buch ist für alle, die noch träumen können, die neugierig sind oder es wieder werden möchten. Es macht Mut, sich selbst zu vertrauen, sich anzunehmen und zu lieben.
Das Einhorn Theora nimmt dich an die Hand und führt dich auf den Pfad der Achtsamkeit, der Erkenntnis und der Heilung. Die Geschichten berühren deine Seele, erwecken dein Inneres Kind und aktivieren deine Fähigkeit des inneren Sehens.
Erfahre Liebe, Geborgenheit und Trost. Bestelle deinen inneren Garten, finde deinen eigenen Ausdruck, dein Licht. Spüre, wie dein Inneres Kind sich immer mehr öffnet, wie es wahre Luftsprünge vollzieht, und ihr beide gemeinsam spirituell wachsen könnt.
Lass dich berühren von der tiefen Weisheit und Liebe des Einhorns Theora.

Sonja Ariel von Staden
LichtKraft für LichtMenschen
144 Seiten, A5, broschiert
ISBN 978-3-95531-194-0

Die LichtKraft ist eine auf Erden gerade erst erwachte Energie, die in dieser Zeit des Übergangs in das Neue Zeitalter für uns Menschen aktiv erfahr- und nutzbar wird. Sie ist pure schöpferische Intelligenz, die darauf wartet, von uns eingeladen zu werden, um uns zusätzliche Tatkraft, Klarheit, Gesundheit und Einheit mit Allem-was-ist zu schenken

Diese Energie ist magisch, leuchtend und nährend. Sie zu nutzen verstärkt unsere lichtvollen Seiten und hilft uns, unsere Schatten zu transformieren. Sie reinigt und nährt die Zellen, damit sie in der Zeit des Wandels gesund und entwicklungsbereit sind.

Ein spiritueller und ganzheitlicher Ratgeber mit vielen Übungen und Erklärungen für eine neue Form der Gesundheit auf allen Ebenen.

Belgin Groha
Mit Engelsschwingen durch die Neue Zeit
136 Seiten, A5, broschiert
ISBN 978-3-95531-198-8

Wir alle sind in der Neuen Zeit angekommen und befinden uns im neuen zwölfjährigen Zyklus einer neuen Welt. Aber was bedeutet das jetzt für uns Menschen?
Du bist das Wunder! Hier geht es um deine Hellsinne und wie du diese Gaben, die in dir schlummern, jetzt aktivierst. Dazu werden wir auch Engel in unser Energiefeld einladen.
Die Autorin ist eine Engelbotschafterin der Liebe und verrät viele alltagstaugliche und einfache, aber ebenso mächtige Übungen, die sie von der Geistigen Welt für dich empfangen hat, damit du gut durch diese spannende und wunderschöne Zeit geführt bist und Heilung und Liebe erleben kannst.
Bist du bereit für die Neue Zeit?

Mit einem Vorwort von Silke Wagner.